LA BATALLA SILENCIOSA

UN VIAJE ESTOICO HACIA LA AUTOMAESTRÍA

ESTOICO

CONTENIDO

Capítulo 1: El Espejo del Alma 5
Capítulo 2: Las Cadenas Invisibles 15
Capítulo 3: La Batalla Silenciosa 23
Capítulo 4: La Serenidad como Fortaleza 31
Capítulo 5: El Arte de la Aceptación 39
Capítulo 6: Forjando el Carácter Virtuoso 47
Capítulo 7: El Viaje Interior 55
Capítulo 8: Trascendiendo el Ego 63
Capítulo 9: Lecciones de los Sabios 69
Capítulo 10: La Victoria sobre Uno Mismo 77
Capítulo 11: Meditaciones 85
Conclusión: El Camino Continuo hacia la Armonía Interior 101

CAPÍTULO 1: EL ESPEJO DEL ALMA

Mírate, tal como eres. No hay mayor adversario que el reflejo que te confronta cada mañana. La batalla más compleja se libra en el fuero interno, entre la persona que aspiras a ser y aquella que temes llegar a ser. La dualidad del yo en el estoicismo se asemeja al movimiento de una marea: el alma, en su constante lucha, intenta emerger de los abismos de las ilusiones. Este viaje hacia el núcleo de uno mismo busca revelar la verdad desnuda y es un proceso necesario para alcanzar una comprensión auténtica de nuestro ser. Nos enfrentamos a nuestras propias sombras, a esa versión de nosotros mismos que preferimos ocultar, que evadimos en los momentos de introspección. El espejo que nos confronta es nuestro juez más honesto y, simultáneamente, el que más tememos mirar. Mirarnos sin adornos, sin la protección de las excusas, es un acto de valor que nos enfrenta con nuestras vulnerabilidades e inseguridades más profundas. Sin embargo, precisamente ahí yace la semilla del cambio y el potencial para el crecimiento. La aceptación de nuestras sombras conlleva la aceptación de nuestra luz, reconociendo tanto nuestras virtudes como nuestros defectos, en una integración que permite un avance significativo en la automaestría. En este proceso de aceptación, comprendemos que el verdadero crecimiento no es una aspiración hacia la perfección, sino una integración de la totalidad de nuestro ser: nuestras fallas, nuestras capacidades, nuestros temores y nuestras esperanzas.

Este acto de introspección nos conduce hacia una versión más coherente y armoniosa de nosotros mismos, donde la luz y la oscuridad no se contraponen, sino que se complementan. El adversario no está fuera; nunca lo ha estado. Somos nosotros mismos quienes colocamos obstáculos en nuestro camino, quienes inventamos excusas y construimos barreras para evitar enfrentar lo que sabemos que debemos cambiar. Nos engañamos con la creencia de que el problema está en las circunstancias externas, en las personas que nos rodean, en la mala fortuna o en el destino. Pero cuando nos miramos en el espejo del alma, comprendemos que el verdadero enemigo está en nuestro interior: nuestros miedos, nuestras dudas, nuestros deseos incontrolados. Este espejo refleja tanto la oscuridad como la luz, y solo al aceptar ambos aspectos de nuestro ser podemos trascender. Reconocer este adversario interno es el primer paso hacia la libertad interior, una promesa de autenticidad y plenitud. Cuando logramos trascender nuestras excusas y enfrentarnos a la verdad de lo que somos, alcanzamos una libertad que no depende de condiciones externas, sino de la profundidad de nuestra propia consciencia. En este estado, la autenticidad se convierte en nuestra guía, un faro que ilumina cada decisión, cada acción, y que nos dirige hacia una vida llena de propósito. La dualidad del yo en el estoicismo nos ilustra la constante lucha entre nuestras pasiones y nuestra razón. Somos, simultáneamente, esclavos de nuestras emociones y arquitectos de nuestra libertad. Como un océano en calma que puede volverse tormentoso, nuestra mente puede oscilar entre la serenidad y el caos. Aprender a navegar estas aguas constituye el arte del estoico: no se trata de negar nuestras emociones, sino de comprenderlas, otorgarles su debido espacio y, finalmente, decidir no ser arrastrados por ellas. La capacidad de observar nuestras emociones sin emitir juicios es un acto de verdadero coraje, una práctica que nos permite alcanzar la paz incluso en medio de la tormenta emocional. El estoicismo nos invita a entender que no somos nuestras emociones; estas son pasajeras, mientras que nuestra esencia es algo mucho más profundo y permanente. Al crear esta separación, encontramos un espacio interno en el cual podemos actuar desde la razón, desde la virtud, y no desde el mero impulso.

Diariamente, nos enfrentamos a nuestras propias percepciones, a las narrativas que construimos para evitar el dolor. Esta batalla es silenciosa, sin testigos, y se lleva a cabo en lo más profundo de nuestro ser. Aceptar esta realidad requiere de un acto de coraje, porque implica dejar de buscar culpables externos y asumir la responsabilidad total de nuestra vida. Reconocer que somos los arquitectos de nuestra existencia nos devuelve el poder que habíamos cedido, brindándonos la oportunidad de rediseñar nuestro destino desde el interior. Este rediseño no es una tarea sencilla, ya que implica derrumbar antiguas estructuras mentales, desaprender patrones arraigados y volver a construirnos desde los cimientos de una nueva comprensión. En este proceso, el dolor y la incomodidad son inevitables, pero también son la señal de que estamos avanzando, de que estamos haciendo el trabajo necesario para nuestra liberación. La clave radica en la autocomprensión. No podemos transformar aquello que no entendemos. Al mirarnos en el espejo del alma, debemos hacerlo con compasión, con el deseo genuino de conocernos, no para juzgarnos, sino para descubrir nuestra verdadera esencia y aquello que nos impide alcanzar la paz interior. Solo entonces podremos comenzar a desmantelar las ilusiones que nos mantienen atrapados y abrirnos a la transformación. Esta transformación es un proceso continuo, una labor que requiere dedicación, paciencia y amor propio. No se trata de erradicar nuestras sombras, sino de aprender a convivir con ellas, de conocerlas y de gestionar su presencia sin que tomen el control. El estoicismo nos enseña que la paz no se alcanza a través de la eliminación de todos nuestros problemas, sino en la habilidad de coexistir con ellos, sin permitir que definan quiénes somos. Con el tiempo, esta práctica nos conduce hacia un estado de serenidad que no se ve afectado por las circunstancias cambiantes del mundo externo. Este viaje hacia la verdad desnuda es, en esencia, un acto de amor propio.

Es la promesa de dejar de huir, de confrontar nuestras sombras con la certeza de que, al otro lado del miedo, nos espera una versión más auténtica y libre. La automaestría comienza aquí, en el reflejo honesto de nuestro ser. Es la capacidad de decirnos la verdad, aunque sea dolorosa, y de comprender que solo a través de la honestidad podemos aspirar a la verdadera libertad. Cada vez que elegimos mirarnos sin adornos, estamos dando un paso más hacia una versión mejor de nosotros mismos, una versión liberada del peso del autoengaño. La libertad, entonces, no es un estado que se alcanza de una vez y para siempre, sino una práctica diaria, una serie de elecciones que hacemos continuamente para vivir de acuerdo con nuestra verdad más profunda. La automaestría es el compromiso constante con ese proceso, con ese esfuerzo de mirar hacia adentro, aunque el reflejo nos muestre aquello que más nos cuesta aceptar. La automaestría es un proceso lento, una caminata constante hacia el autoconocimiento profundo. No se trata de alcanzar la perfección, sino de avanzar continuamente. Aceptar nuestras fallas y errores es tan esencial como reconocer nuestras virtudes. Mirarnos sin máscaras nos permite comprender que el yo ideal no es un ser sin defectos, sino alguien que trabaja con dedicación para mejorar cada día. El espejo del alma revela tanto nuestras sombras como nuestra luz, y ambas forman parte integral de quienes somos. La aceptación de esta dualidad nos permite vivir con plenitud, sin la presión constante de ser perfectos, pero con la determinación de ser auténticos y fieles a nosotros mismos. La plenitud no es la ausencia de desafíos o defectos, sino la presencia de una conexión profunda con nuestra verdadera naturaleza, una naturaleza que incluye tanto lo luminoso como lo oscuro. Este reconocimiento nos permite caminar con más ligereza, sin la carga de expectativas irreales y con el coraje de ser vulnerables. Las voces externas muchas veces nublan nuestro juicio. Las opiniones ajenas, los ideales impuestos por la sociedad y todas esas expectativas externas pueden ser espejismos que distorsionan nuestra verdadera imagen.

Aprender a distinguir entre la voz de la razón y el eco de las expectativas ajenas resulta crucial. La automaestría implica descubrir nuestra propia voz y permitir que sea esta la que guíe nuestras acciones, no los susurros del mundo. Se trata de escuchar nuestro interior y confiar en nuestro propio juicio, a pesar del ruido externo. En el silencio de la reflexión encontramos nuestra verdad, una verdad que no necesita la validación de los demás para existir y que se sostiene por sí misma. Este proceso de descubrimiento es profundamente liberador, ya que nos permite ser quienes realmente somos, sin la necesidad de encajar en moldes predefinidos o satisfacer expectativas ajenas. Nos damos cuenta de que la libertad auténtica surge del interior y que vivir conforme a nuestra verdad es, en última instancia, el propósito más elevado. La vulnerabilidad tiene un poder inmenso. Reconocer nuestras debilidades nos libera del peso de la pretensión y nos permite conectar de manera más auténtica con quienes nos rodean. Al mirarnos en el espejo del alma, también vemos nuestras heridas, las cicatrices del pasado que aún nos afectan. La filosofía estoica nos enseña que no debemos huir de ellas, sino mirarlas con valentía, comprenderlas y usarlas como cimientos para nuestra fortaleza. Cada herida, cada fallo, es una lección que nos empuja hacia adelante, que nos hace más resilientes. No hay fortaleza sin fragilidad, ni crecimiento sin el reconocimiento de nuestras limitaciones. Las cicatrices no son señales de debilidad, sino marcas de nuestra capacidad para sanar, para levantarnos una y otra vez frente a las adversidades. La resiliencia es una cualidad que se cultiva en cada momento en el que decidimos no rendirnos, en cada ocasión en la que transformamos el dolor en una oportunidad de crecimiento. De esta manera, nuestras heridas se convierten en testamentos de nuestra capacidad de superar, de adaptarnos y de crecer a pesar de las circunstancias. El espejo del alma no es un objeto estático; es un reflejo que cambia conforme evolucionamos. Cada día que decidimos enfrentarnos a nuestras sombras, cada vez que elegimos actuar con virtud, ese reflejo se transforma. La verdadera batalla no consiste en eliminar nuestras sombras, sino en aprender a integrarlas, a convivir con ellas sin permitir que nos dominen.

La libertad interna surge cuando dejamos de luchar contra nosotros mismos y empezamos a trabajar con nosotros mismos, aceptando nuestra totalidad. Este proceso de integración nos convierte en seres completos, en individuos capaces de actuar desde la serenidad, incluso en medio de un conflicto interno. La integración de nuestras sombras nos proporciona una fortaleza que no se puede obtener mediante la negación de lo que somos, sino solo mediante la aceptación radical y el compromiso de trabajar con lo que está presente en nuestro interior. Es un acto de reconciliación con nuestra humanidad, un paso hacia una existencia más plena y consciente. El proceso de mirar hacia dentro puede ser doloroso. Es inevitable encontrar aspectos de nosotros mismos que preferiríamos no ver: decisiones equivocadas, momentos de debilidad. Sin embargo, el valor de este acto reside en la sinceridad con la que nos enfrentamos a estas partes de nuestra historia. Cada error es una oportunidad para aprender, cada miedo enfrentado es una oportunidad para crecer. La automaestría no es un destino, sino un camino que se recorre con paciencia, con humildad y con la convicción de que el crecimiento es posible. La humildad es esencial para aceptar nuestras limitaciones y convertirlas en nuestros mayores aprendizajes. Cada caída nos enseña algo sobre nosotros mismos, y cada levantarse es un acto de coraje y determinación. Este viaje requiere una dedicación constante, un esfuerzo continuo por crecer más allá de nuestras limitaciones autoimpuestas. Cada paso en este sendero, sin importar cuán pequeño, nos acerca a la versión más auténtica y plena de nosotros mismos. El espejo del alma no solo refleja quiénes somos, sino también quiénes podemos llegar a ser. Es una ventana hacia nuestro potencial, hacia esa versión de nosotros mismos que está libre de las cadenas del miedo y la duda. Al enfrentarnos a nuestro reflejo, comprendemos que la batalla silenciosa no es una lucha contra un enemigo invencible, sino una danza constante con nuestra humanidad, con toda su complejidad y belleza.

La automaestría comienza en el momento en que decidimos mirar, sin desviar la mirada, y aceptar la totalidad de nuestro ser. Es un compromiso con el crecimiento constante, una promesa de trabajar cada día para acercarnos a nuestra mejor versión. Cada día se nos presenta la oportunidad de elegir la valentía sobre el miedo, de elegir la autenticidad sobre la complacencia. En este acto de elección radica el poder de la automaestría, un poder que nos impulsa a ser quienes verdaderamente somos, sin pretensiones ni engaños. Mirar en el espejo del alma no es un acto que se realice una sola vez; es un hábito que debe ser cultivado. Cada mañana, cada noche, cada momento de duda, el reflejo nos desafía a ser honestos, a reconocer nuestras limitaciones y a abrazar nuestras posibilidades. En ese reflejo encontramos respuestas a las preguntas que tememos formularnos: ¿Quién soy? ¿Qué quiero ser? ¿Estoy viviendo de acuerdo con mis principios? Estas preguntas son la brújula que nos guía en el camino hacia la automaestría, y responderlas con sinceridad nos permite alinear nuestras acciones con nuestros valores más profundos. Este alineamiento no solo nos proporciona dirección, sino también una profunda sensación de paz y coherencia interna. Cuando nuestras acciones reflejan nuestras creencias y valores más arraigados, encontramos una fuente inagotable de energía y propósito que nos impulsa a seguir adelante, a pesar de los desafíos que puedan surgir en nuestro camino. La filosofía estoica nos enseña que, para ser verdaderamente libres, debemos ser dueños de nuestras percepciones y decisiones. Esta libertad comienza con la aceptación radical de lo que somos. No somos perfectos, y eso está bien. No siempre somos fuertes, y eso también está bien. Lo importante es el compromiso de mejorar, el compromiso de vivir con virtud y de no dejarnos vencer por nuestras propias limitaciones. La verdadera fortaleza no reside en nunca caer, sino en levantarse cada vez, en aprender y seguir adelante. La aceptación de nuestras imperfecciones es lo que nos permite crecer, lo que nos convierte en seres humanos resilientes y conscientes de nuestro propio poder.

Esta capacidad de levantarse, de enfrentar cada reto con dignidad y determinación, es lo que define nuestro carácter. No es la ausencia de dificultades lo que nos hace fuertes, sino la capacidad de sobreponernos a ellas, de aprender y evolucionar. Este proceso de automaestría es un acto de rebelión contra la inercia de la mente, contra la tendencia a elegir la comodidad por encima del crecimiento. Mirar en el espejo del alma implica, en muchas ocasiones, desafiar nuestros hábitos, cuestionar nuestras creencias y estar dispuestos a cambiar. Implica no conformarse con lo que es fácil, sino buscar lo que es correcto. La verdadera transformación se da cuando el reflejo en el espejo comienza a parecerse cada vez más a la persona que deseamos ser, no porque esa imagen sea perfecta, sino porque es auténtica y refleja nuestros valores más profundos. El coraje de ser honestos con nosotros mismos impulsa el cambio genuino y duradero. Este coraje es lo que nos permite trascender nuestras limitaciones y construir una vida que esté alineada con nuestros ideales más elevados, una vida que resuene con la verdad de quienes somos. Al final, el espejo del alma no nos muestra una meta fija, sino un viaje continuo. Nos recuerda que la vida no se trata de alcanzar un estado de perfección inmutable, sino de estar en constante movimiento, siempre en proceso. La automaestría es el arte de caminar por este sendero con coraje, con aceptación y con amor propio. Comprender que el camino hacia la libertad interna comienza y termina en nosotros mismos es fundamental. Es la decisión diaria de enfrentarnos a nuestras sombras y a nuestra luz, de caminar con ambas de la mano y de avanzar hacia una vida más plena, más consciente y alineada con nuestra esencia. La verdadera victoria no reside en vencer al reflejo, sino en abrazarlo, en encontrar en él la totalidad de quienes somos y caminar hacia adelante con determinación y serenidad. Cada paso en este viaje nos acerca a una vida vivida con propósito, a una existencia en la que la serenidad y el coraje coexisten, y en la que, al aceptar y abrazar nuestra naturaleza compleja, encontramos la paz y la libertad que hemos buscado durante tanto tiempo.

CAPÍTULO 2: LAS CADENAS INVISIBLES

Las cadenas que nos atan no siempre son visibles, y precisamente en esa invisibilidad reside su fuerza más opresiva. Se trata de aquellas cuerdas intangibles que se tejen insidiosamente alrededor de nuestra mente y nuestro corazón, constituidas por nuestras pasiones, nuestros deseos y nuestros temores más profundos. El ser humano, en su incesante afán por alcanzar el placer y evitar el sufrimiento, a menudo se convierte en esclavo de aquello que, en principio, debería ser un mero medio para la vida. Estas cadenas invisibles nos atan a expectativas desmedidas, a la dependencia de posesiones materiales, al anhelo de aprobación externa; nos atan al miedo al fracaso, al deseo irrefrenable de siempre obtener más, a la falaz promesa de una felicidad que siempre parece situarse justo un paso más allá de nuestro alcance. Las pasiones y los deseos, en su esencia, son manifestaciones inherentes a la naturaleza humana. No obstante, cuando estos se convierten en el eje gravitacional de nuestra existencia, comienzan a ejercer una presión constante y silenciosa que, paulatinamente, nos va encadenando. El deseo de reconocimiento, de poder, de éxito material, se convierte en una prisión sutilmente construida por nuestras propias manos. En nuestra búsqueda incesante de satisfacer estos deseos, creemos ingenuamente que alcanzaremos la paz y la plenitud; sin embargo, cuanto más buscamos, más nos alejamos de la serenidad interior que anhelamos. Estas cadenas invisibles, aunque no tengan peso físico, pueden aplastarnos con una carga más pesada que el hierro, precisamente porque operan en el ámbito de la psique y del espíritu.

Liberarse de estas cadenas requiere un acto de profunda introspección y de valentía radical. No es una tarea sencilla, pues implica enfrentarse a la raíz misma de nuestros anhelos, a las fuentes profundas de nuestras pasiones. En este proceso, la razón y la virtud se erigen como las herramientas fundamentales para romper los eslabones que nos mantienen cautivos. La razón nos permite distinguir entre lo que es verdaderamente necesario y lo que no es más que un deseo construido por nuestra mente y reforzado por las expectativas sociales. La virtud, por su parte, nos guía hacia la acción correcta: una acción que no se rige por los dictados del ego ni por las exigencias de la sociedad, sino por la coherencia con nuestro verdadero ser. La razón, en el marco estoico, no es simplemente la capacidad de pensar de forma lógica o secuencial, sino la capacidad de ver la realidad tal cual es, sin los velos que nos impiden percibirla en su total desnudez. Es la capacidad de comprender que nada externo posee el poder de definirnos; que ni las riquezas, ni el reconocimiento, ni el poder pueden proporcionarnos la paz que buscamos. La virtud, en contraposición, es esa fuerza interior que nos impulsa a actuar conforme a dicha comprensión, a vivir de una manera que refleje y encarne nuestros valores más profundos, sin ceder ante las pasiones que nos desvían del camino que elegimos conscientemente. El proceso de liberarse de las cadenas invisibles es, en esencia, un proceso de despojo, un proceso de desprenderse de lo superfluo para poder abrazar lo esencial. Implica un desapego consciente de aquello que no está bajo nuestro control, y un reconocimiento claro de que la auténtica libertad no reside en obtener todo lo que deseamos, sino en no ser esclavos de esos deseos. Es aprender a vivir con menos, no necesariamente en términos materiales, sino en términos de expectativas y dependencias emocionales. Es encontrar la riqueza en la simplicidad, en la serenidad que surge al estar en paz con uno mismo, sin necesidad de validación externa ni del reconocimiento de los demás. Este proceso de liberación, sin embargo, no es un esfuerzo solitario ni aislado.

Las cadenas invisibles también se forjan en el ámbito de nuestras relaciones con los otros, en las expectativas que depositamos en quienes nos rodean y en las expectativas que ellos depositan en nosotros. La verdadera libertad interior requiere aprender a amar sin poseer, a cuidar sin controlar, y a dar sin esperar nada a cambio. Requiere comprender que cada ser humano es, en última instancia, responsable de su propia vida y de su propio destino, y que intentar controlar o manipular a los demás para satisfacer nuestras propias carencias solo sirve para reforzar nuestras cadenas y las de quienes nos rodean. La liberación a través de la razón y la virtud nos conduce hacia una vida más auténtica, una vida en la cual nuestras acciones emanan desde el amor y la compasión, y no desde el miedo ni desde el deseo de control. Es un proceso que nos invita a mirar hacia dentro, a identificar aquellas cadenas que hemos permitido que nos aten, y a romperlas con la fuerza de nuestra voluntad y nuestra comprensión. Esta búsqueda de libertad no es una libertad que dependa de factores externos, sino una libertad que surge desde el interior, desde la certeza de saber quiénes somos y de vivir en coherencia con esa verdad fundamental. Este capítulo invita a una reflexión profunda sobre las cadenas que nos atan, nos insta a identificar qué deseos, qué pasiones y qué expectativas nos mantienen presos. Nos invita a cuestionar si aquello que anhelamos es verdaderamente necesario para nuestro bienestar, si nuestras acciones están dirigidas por nuestros valores o por un deseo irrefrenable de obtener más. La verdadera libertad no se encuentra en la satisfacción de todos nuestros deseos, sino en la capacidad de vivir plenamente el momento presente, con lo que tenemos, sin ser arrastrados por la constante presión de querer más, de ser más, de ser diferentes a quienes realmente somos. Las cadenas invisibles pueden resultar particularmente desalentadoras, porque muchas veces ni siquiera somos conscientes de su existencia hasta que el peso se vuelve casi insoportable. Sin embargo, el estoicismo nos ofrece un camino hacia la liberación, un camino que no depende de lo que poseemos, sino de cómo interpretamos y nos relacionamos con lo que poseemos.

La libertad estoica es una libertad de la mente, una capacidad para no ser esclavos de nuestras circunstancias, de nuestros deseos o de nuestras pasiones. Es la capacidad de encontrar paz y serenidad incluso en medio del caos, porque hemos aprendido a depender únicamente de aquello que está bajo nuestro control: nuestra actitud y nuestra virtud. La liberación de las cadenas invisibles no es un acto que pueda llevarse a cabo de una sola vez. Es una tarea continua, un compromiso constante con nosotros mismos y con nuestra evolución interior. Cada día nos encontramos con nuevos desafíos, con nuevos deseos que intentan atraparnos, y es en la práctica diaria de la introspección y la virtud donde podemos encontrar la fuerza para liberarnos. Este proceso de liberación requiere valentía, pero también una inmensa dosis de paciencia y autocompasión. Necesitamos ser pacientes con nosotros mismos, entender que la liberación es un proceso largo, lleno de avances y retrocesos, y que cada pequeño paso hacia adelante, por insignificante que parezca, es un triunfo en nuestro camino hacia la automaestría. Liberarse de las cadenas invisibles es un acto continuo de valentía, un compromiso constante de no dejarnos arrastrar por las apariencias ni ceder ante los impulsos que nos desvían del camino de la virtud. Es entender que la verdadera riqueza no radica en lo que acumulamos, sino en aquello de lo cual somos capaces de desprendernos; en la ligereza de vivir sin ataduras, sin la constante carga de expectativas insatisfechas. En última instancia, es una invitación a vivir de acuerdo con nuestra naturaleza racional, a actuar con virtud y a encontrar en esa coherencia la libertad que tanto anhelamos. Las cadenas invisibles también tienen una dimensión social y cultural que no podemos ignorar. Vivimos en una sociedad que constantemente refuerza ciertos valores y expectativas: el éxito se mide por el reconocimiento externo, la felicidad se asocia al consumo y a la acumulación de bienes, y la identidad se construye en función de lo que otros piensan de nosotros.

Estos valores, que a menudo internalizamos sin cuestionar, pueden convertirse en cadenas que limitan nuestra capacidad de vivir una vida auténtica y plena. El proceso de liberarse de estas cadenas sociales implica cuestionar los valores predominantes, reflexionar sobre qué es lo que realmente tiene valor para nosotros y tener el coraje de vivir conforme a esos valores, incluso si eso significa ir en contra de las expectativas sociales. Además, es esencial reconocer que nuestras propias creencias y pensamientos a menudo refuerzan nuestras cadenas. La manera en que interpretamos nuestras experiencias, las historias que nos contamos a nosotros mismos sobre quiénes somos y lo que necesitamos para ser felices, son elementos fundamentales que contribuyen a la formación de nuestras cadenas invisibles. Liberarse de estas cadenas implica una reestructuración profunda de nuestras creencias, un cuestionamiento constante de nuestros pensamientos automáticos y la disposición a reinterpretar nuestras experiencias desde una perspectiva más amplia y compasiva. Es necesario adoptar una postura de apertura y curiosidad hacia nosotros mismos, estar dispuestos a desafiar nuestras propias narrativas y a sustituirlas por otras que nos permitan crecer y ser más libres. La verdadera libertad es la capacidad de elegir cómo responder ante las circunstancias de la vida. No siempre podemos controlar lo que nos sucede, pero sí podemos decidir cómo reaccionar ante ello. Este es uno de los pilares fundamentales del estoicismo: la distinción entre lo que está bajo nuestro control y lo que no lo está. Las cadenas invisibles a menudo se forman cuando intentamos controlar lo incontrolable, cuando depositamos nuestra felicidad en factores externos que, por naturaleza, son cambiantes e impredecibles. Al reconocer los límites de nuestro control y enfocar nuestra energía en aquello que sí depende de nosotros, comenzamos a deshacer los nudos que nos atan y a experimentar una mayor sensación de libertad y paz interior. El proceso de liberación también nos lleva a una reevaluación de nuestras relaciones. Las cadenas invisibles no solo nos atan a deseos y expectativas personales, sino también a patrones de relación que pueden ser perjudiciales.

Podemos encontrarnos atrapados en dinámicas de dependencia emocional, en relaciones en las que buscamos llenar vacíos internos a través del otro, o en las que intentamos controlar y manipular para sentirnos seguros. La verdadera libertad en nuestras relaciones implica amar sin apegos, ofrecer nuestra presencia y cuidado sin expectativas y permitir que el otro también sea libre. Esta forma de amor, que no se basa en la posesión ni en la necesidad, sino en la aceptación y el respeto profundo, nos permite experimentar relaciones más auténticas y significativas, libres de las cadenas de la dependencia y el control. La liberación de las cadenas invisibles es, por tanto, un proceso multifacético que implica tanto el trabajo individual como una reestructuración de nuestras interacciones con los demás y con la sociedad. Es un camino de autoconocimiento y transformación profunda, en el que aprendemos a ver nuestras propias limitaciones no como barreras insuperables, sino como oportunidades para crecer. La aceptación de nuestras sombras, de nuestras debilidades y de nuestras imperfecciones, es un paso crucial en este proceso. Solo al aceptar nuestra humanidad en toda su complejidad podemos comenzar a liberarnos de las cadenas que nos atan y a vivir de una manera más auténtica y plena. La invitación estoica a liberarnos de las cadenas invisibles es una invitación a ser verdaderamente humanos, a reconocer nuestras limitaciones y a trabajar dentro de ellas para alcanzar la excelencia moral. La libertad que se alcanza al romper estas cadenas es una libertad serena, una libertad que no necesita alardear ni buscar reconocimiento. Es una libertad que simplemente es, que se manifiesta en cada acción, en cada decisión, y que nos permite vivir con integridad y plenitud, más allá de las circunstancias externas.

Es la libertad de ser uno mismo, en toda su profundidad y complejidad, sin miedo, sin máscaras, sin las cadenas que, durante tanto tiempo, hemos permitido que definan nuestra existencia. Esta libertad es, en última instancia, la capacidad de vivir una vida en la que nuestras acciones estén alineadas con nuestros valores más profundos, una vida en la que podamos encontrar significado y propósito incluso en los momentos de dificultad. Es la capacidad de ser resilientes, de adaptarnos a los cambios sin perder nuestra esencia, de enfrentar los desafíos sin dejar que nos definan. Es la capacidad de actuar con virtud, de ser compasivos con nosotros mismos y con los demás, y de encontrar en cada momento la oportunidad de crecer y de ser la mejor versión de nosotros mismos. Esta es la verdadera liberación: una vida vivida en coherencia con nuestra esencia, una vida en la que las cadenas invisibles han sido reemplazadas por la ligereza de la libertad interior.

CAPÍTULO 3: LA BATALLA SILENCIOSA

La verdadera lucha del ser humano no se libra en el ámbito externo, sino en el ámbito íntimo y profundo de su propia mente. En ese lugar oculto, donde nuestras emociones más viscerales, nuestros miedos más primordiales y nuestras pasiones más avasalladoras se enfrentan constantemente, tiene lugar una batalla que raramente se manifiesta a ojos de los demás. Esta es la batalla silenciosa: una contienda continua contra las emociones destructivas y los impulsos irracionales que amenazan con despojarnos de nuestra serenidad y desviar nuestro curso hacia la irracionalidad. Esta lucha constante, aunque imperceptible desde fuera, es la que verdaderamente define nuestra existencia y determina la calidad de nuestras vidas. Es una batalla contra lo que nos arrastra hacia el caos y, al mismo tiempo, un esfuerzo hacia el cultivo de la libertad interior. Desde la perspectiva de la filosofía estoica, la batalla interna no es una guerra que se gana mediante la represión o la supresión de las emociones, sino a través del conocimiento profundo de uno mismo y el cultivo consciente de la virtud. Las emociones destructivas, tales como la ira, la envidia, el miedo o la codicia, no son simplemente fuerzas que deben ser eliminadas, sino dimensiones de la experiencia humana que deben ser comprendidas y redirigidas. Las emociones, aunque muchas veces se perciban como adversarias, también pueden ser maestras; son indicadores que revelan las áreas de nuestra vida que necesitan ser atendidas y transformadas. El propósito de esta lucha interna no es entonces la supresión de las emociones, sino su transmutación en instrumentos de crecimiento y desarrollo personal.

La capacidad de convertir el dolor en sabiduría, la ira en discernimiento, y el miedo en coraje, es la esencia de la transformación interior que promueve el estoicismo. El concepto de autodisciplina desempeña un papel central en esta lucha. La autodisciplina no se limita al control de los impulsos; más bien, se trata de la capacidad de actuar conforme a nuestros valores y principios más elevados, incluso cuando nuestras emociones intentan desviarnos del camino virtuoso. Es un ejercicio continuo de la voluntad, una práctica consciente de elegir deliberadamente cada acción, cada palabra y cada pensamiento, de modo que reflejen nuestro compromiso con la virtud y con la mejor versión de nosotros mismos. En este sentido, la autodisciplina no es una forma de coerción, sino una manifestación de libertad: la libertad de no ser esclavos de nuestras pasiones, de no ser arrastrados por los vendavales del miedo, la ira o el deseo. La autodisciplina nos confiere la capacidad de navegar por el mundo con serenidad, sin dejarnos abatir por los eventos externos ni por las tormentas internas que puedan surgir. El estoicismo ofrece una serie de estrategias específicas para librar esta batalla silenciosa, todas las cuales parten de la capacidad de observar nuestras propias emociones sin identificarnos con ellas. Las emociones destructivas no nos definen; son estados transitorios que surgen y desaparecen, como nubes que cruzan el cielo. Al desarrollar la habilidad de observar nuestras emociones desde una cierta distancia, sin reaccionar de inmediato, empezamos a desactivar su poder sobre nosotros. Este es el primer paso hacia la libertad interior: entender que nuestras emociones no son mandatos a seguir, sino señales que podemos interpretar, redirigir y utilizar para nuestro propio crecimiento. De esta manera, nos liberamos del dominio de las emociones y recuperamos la capacidad de actuar de forma alineada con nuestra razón y nuestros principios más profundos. En esta contienda interna, la virtud de la templanza se presenta como un aliado indispensable.

La templanza es la capacidad de mantener el equilibrio en medio de las oscilaciones, de evitar caer en los extremos de la indulgencia o la privación. Es el arte de la moderación, de encontrar el justo medio en todas nuestras acciones y decisiones. La templanza enseña que el verdadero poder no reside en la fuerza con la que intentamos controlar el mundo externo, sino en la serenidad con la que manejamos nuestro propio mundo interno. La templanza nos otorga la claridad necesaria para actuar sin ser arrastrados por el deseo desenfrenado o el temor irracional y nos guía hacia una vida equilibrada y armoniosa. La práctica de la templanza es una expresión de autocomprensión y respeto por nuestra propia naturaleza, una reafirmación de que nuestra fortaleza reside en la mesura y el discernimiento. Otro componente fundamental en esta batalla es la práctica diaria de la reflexión. Para los estoicos, el autoconocimiento es la clave de la libertad. A través de la reflexión, examinamos nuestras acciones y reacciones, identificamos patrones que nos conducen al sufrimiento y desarrollamos estrategias para responder de manera diferente en el futuro. La reflexión permite reconocer aquellos momentos en los que hemos actuado impulsivamente, cuando nos hemos dejado llevar por la ira o el miedo, y nos ofrece la oportunidad de aprender de esos momentos para abordar situaciones futuras con mayor sabiduría y ecuanimidad. La práctica diaria de la reflexión es, en sí misma, un acto de valentía, ya que nos obliga a enfrentar nuestras debilidades, a mirarnos en el espejo sin adornos y a reconocer las verdades que preferiríamos ignorar. Esta autorreflexión es el punto de partida del verdadero crecimiento personal, ya que nos permite comprender las raíces de nuestras emociones y transformar nuestros hábitos mentales más profundos. En esta batalla interna, el enemigo más difícil de vencer no es la ira o el miedo, sino el autoengaño. La mente humana tiene una capacidad formidable para justificar nuestras acciones, para construir narrativas que nos eximan de responsabilidad y nos permitan evitar la confrontación con nuestras fallas. Nos decimos que nuestras reacciones son inevitables, que nuestro enojo está justificado, que nuestro miedo es una señal de prudencia.

Pero adoptar una postura estoica significa comprometerse a enfrentar estas narrativas y cuestionarlas con honestidad radical. El autoengaño constituye una de las mayores barreras para el crecimiento personal, y solo cuando tenemos el coraje de ser brutalmente honestos con nosotros mismos podemos comenzar a desmantelar esos patrones de pensamiento que nos mantienen atrapados. La honestidad con uno mismo es, por tanto, una forma de liberación, un acto que rompe las cadenas de la ignorancia y nos permite acceder a una visión más clara y auténtica de quiénes somos y de quiénes podemos llegar a ser. La práctica de la virtud en la batalla silenciosa también implica cultivar una actitud de aceptación radical. Muchas de las emociones destructivas que experimentamos nacen de nuestra resistencia a aceptar la realidad tal como es. Nos enojamos cuando las cosas no salen como deseamos, sentimos ansiedad ante la incertidumbre del futuro, experimentamos celos cuando anhelamos lo que otros poseen. La aceptación radical nos invita a acoger la realidad sin resistencia, a reconocer que el curso de los eventos escapa a nuestro control, y a liberarnos de las emociones destructivas que surgen de esa resistencia. Esta aceptación no debe confundirse con resignación pasiva; más bien, es un acto de profunda sabiduría que nos permite enfocar nuestra energía en lo que sí podemos cambiar: nuestra actitud y nuestras acciones. Al aceptar plenamente las circunstancias sobre las que no tenemos poder, adquirimos la capacidad de invertir nuestra energía en aquello que sí depende de nosotros, y en ese acto se encuentra una profunda libertad. Otro aspecto crucial en la batalla silenciosa es el cultivo del coraje moral. No basta con mantener la calma interior y evitar ser arrastrados por las emociones destructivas; también es necesario actuar conforme a nuestros principios, incluso cuando esto implique riesgos o incomodidades. El coraje moral es la virtud que nos permite enfrentar la adversidad con dignidad y actuar de acuerdo con nuestros valores, aunque el entorno nos presione para hacer lo contrario.

Es el coraje moral lo que nos impulsa a defender la justicia, a decir la verdad y a actuar con integridad, aun cuando hacerlo pueda resultar costoso o impopular. Esta forma de valentía es esencial para mantenernos fieles a nuestra verdadera esencia, y para asegurarnos de que nuestras acciones reflejen lo mejor de nuestra naturaleza humana. La batalla silenciosa también nos lleva a enfrentar el apego. Los seres humanos tendemos a apegarnos a personas, objetos y situaciones, y este apego nos hace vulnerables al sufrimiento. Cuando nos aferramos a algo o a alguien con la esperanza de encontrar en ello felicidad o seguridad, en realidad estamos cediendo nuestro poder. El desapego, tal como lo concibe el estoicismo, no significa renunciar al amor o al disfrute de la vida, sino aprender a amar y disfrutar sin necesidad de poseer. Significa valorar lo que tenemos mientras lo tenemos, sin permitir que nuestro bienestar dependa de su permanencia. Este desapego constituye, en última instancia, un acto de libertad, ya que nos permite vivir plenamente sin ser esclavos de nuestras circunstancias. La práctica del desapego es una afirmación de que nuestra paz y nuestra felicidad no dependen de factores externos, sino de nuestra propia actitud hacia ellos. El cultivo de la paciencia también es un desafío inherente a la batalla silenciosa. La paciencia es la virtud que nos permite soportar con ecuanimidad los momentos difíciles, que nos permite esperar sin ansiedad y actuar sin precipitación. Es la capacidad de aceptar que el crecimiento personal es un proceso prolongado y a menudo doloroso, y que los frutos de nuestro esfuerzo no siempre son inmediatos. En una cultura que valora la gratificación instantánea y el éxito rápido, la paciencia se convierte en un acto de resistencia, una afirmación de que lo que verdaderamente tiene valor requiere tiempo, dedicación y esfuerzo sostenido. La paciencia nos permite mantenernos firmes en nuestro compromiso con la virtud, incluso cuando los resultados no son evidentes de inmediato.

La práctica de la paciencia es, por tanto, una forma de honrar nuestro propio proceso de transformación, de entender que cada pequeño paso cuenta, y que el cambio profundo solo se manifiesta con el tiempo y con la perseverancia. La batalla silenciosa no tiene un final definitivo. No es un desafío que se pueda superar de una vez y para siempre, sino una práctica continua, una serie de elecciones que tomamos día tras día, momento tras momento. Es un proceso de aprendizaje constante en el que cada experiencia, cada emoción, cada pensamiento se convierte en una oportunidad para fortalecer nuestra virtud. A medida que progresamos en este proceso, comenzamos a notar cambios sutiles: una mayor serenidad en situaciones que antes nos habrían alterado, una mayor claridad ante la incertidumbre y una capacidad incrementada de actuar desde el amor y la compasión en lugar del miedo y la defensa. Estos cambios, aunque sutiles, son indicativos de una transformación interna que nos acerca cada vez más a la libertad y a la paz que buscamos. En última instancia, la batalla silenciosa es un acto de amor hacia uno mismo. Es el compromiso de no abandonar nuestra mente al caos y la confusión, de no permitir que las emociones destructivas gobiernen nuestra existencia. Es el esfuerzo sostenido de cultivar un estado de serenidad y claridad, de vivir en consonancia con nuestros valores más elevados y de encontrar en cada momento la oportunidad de actuar con virtud. No se trata de aspirar a la perfección, sino de ser sinceros, de estar dispuestos a enfrentar nuestras propias sombras y caminar con integridad hacia nuestra mejor versión. Este acto de amor propio es lo que nos permite vivir con autenticidad, con una sensación de propósito y con una profunda conexión con nuestra verdadera esencia. La batalla silenciosa, al final, no es una lucha contra nosotros mismos, sino una lucha por nosotros mismos. Es un esfuerzo incesante y profundo por liberar nuestra mente de las cadenas del miedo, la ira, la envidia y el deseo, para así crear un espacio interno donde puedan florecer la paz, la sabiduría y el amor. Es el compromiso inquebrantable de vivir de manera plena y auténtica, de actuar desde la compasión, con valentía y con una disposición constante a aprender, a desaprender y a crecer.

Esta lucha interna no es una cuestión de vencer o aniquilar nuestras sombras, sino de reconciliarnos con ellas, de integrarlas para poder trascenderlas. Es el proceso de construir una mente soberana que pueda ejercer control sobre sí misma y no ceda ante la presión de las fuerzas internas o externas que amenazan con desviarnos de nuestra naturaleza más elevada. Esta batalla es, sin duda, la esencia de la búsqueda estoica de la libertad interior, una libertad que no depende de nada externo, sino únicamente de nuestra capacidad de gobernar nuestra mente y de vivir en coherencia con nuestros valores más auténticos y fundamentales. Es, en última instancia, el sendero hacia una existencia más rica y significativa, donde cada día se convierte en una oportunidad para cultivar la virtud, para superar nuestras limitaciones autoimpuestas y para acercarnos, paso a paso, a nuestra mejor versión posible. En este proceso, reconocemos que la lucha por nuestra libertad es una invitación constante a crecer, a expandir nuestros horizontes internos, y a comprometernos con el devenir de una vida guiada por la integridad y la serenidad. La batalla silenciosa es la expresión del deseo profundo de ser más que meros sobrevivientes de las circunstancias, es la afirmación de nuestra capacidad de vivir con propósito y significado, de crear un legado personal que refleje lo mejor de nuestra naturaleza humana, en todas sus facetas y posibilidades.

CAPÍTULO 4: LA SERENIDAD COMO FORTALEZA

La serenidad, lejos de ser una actitud pasiva, constituye una de las fortalezas más profundas y esenciales que puede cultivar el ser humano. Es la capacidad de mantener la inmutabilidad ante las vicisitudes inevitables de la existencia, de sostener un estado de paz interior que no se ve perturbado por las tormentas que se desatan en el mundo externo. Para la perspectiva estoica, la serenidad no es un refugio para los débiles, sino la expresión más auténtica de la fortaleza interna. Representa la habilidad de estar anclado en la razón y en la virtud, independientemente de las circunstancias externas que intenten desviarnos del camino. Es la capacidad de resistir la turbulencia con una mente clara y un espíritu firme, que se convierte en la base de una vida verdaderamente rica y con propósito. Vivimos en una cultura que glorifica la acción constante, la respuesta inmediata y el impulso como signo de fuerza. En este contexto, la serenidad puede parecer una virtud obsoleta, incluso débil. Sin embargo, el verdadero poder de la serenidad radica precisamente en su resistencia a la reactividad, en la firmeza para no dejarse arrastrar por la urgencia, la presión o las fuerzas externas. La serenidad es una calma que emerge de la comprensión profunda de la naturaleza de la realidad, de la aceptación incondicional de las cosas tal y como son, sin ceder al pánico, a la desesperación o a la exaltación innecesaria.

Esta calma, que para muchos parece casi inalcanzable, constituye, sin embargo, el núcleo de la verdadera fortaleza del ser humano. Es un estado que no depende de las circunstancias externas, sino de nuestra capacidad intrínseca para interpretar y responder a los eventos con sabiduría y equilibrio. La serenidad, por tanto, no se trata de una ausencia de emociones, sino de una gestión adecuada de ellas. El ser humano está naturalmente predispuesto a experimentar una amplia gama de emociones: alegría, tristeza, miedo, ira. La serenidad no implica la negación de estas emociones, sino la capacidad de recibirlas sin identificarse plenamente con ellas, sin permitir que nos arrastren hacia decisiones o acciones irracionales. Es un estado que reconoce la existencia y validez de las emociones, pero que no les otorga el poder de gobernar nuestra mente y nuestras acciones. En la perspectiva estoica, la serenidad es el fruto de una razón aplicada que no suprime las emociones, sino que las comprende, las modera y las integra en una vida guiada por la virtud y el propósito consciente. Es el equilibrio que surge de la sabiduría interior, un estado donde la mente se mantiene serena mientras el corazón siente sin perder el control. Para alcanzar la serenidad, es fundamental comprender la distinción entre lo que está bajo nuestro control y lo que no lo está. Esta es una de las enseñanzas más fundamentales del estoicismo: la capacidad de diferenciar entre aquellos aspectos de la vida que podemos influir y aquellos que escapan completamente a nuestro dominio. La serenidad surge cuando dejamos de luchar contra lo incontrolable, cuando aceptamos con gracia y ecuanimidad las circunstancias que no dependen de nuestra voluntad. Al enfocar nuestra energía exclusivamente en lo que sí está bajo nuestro control—nuestras acciones, nuestras actitudes, nuestra interpretación de los eventos—empezamos a cultivar una paz que no depende de los caprichos del destino ni de las fluctuaciones externas. Este enfoque nos libera del peso de la ansiedad y nos permite actuar con una claridad que solo se alcanza cuando abandonamos la necesidad de controlar lo incontrolable.

En este sentido, la serenidad se convierte en una fortaleza que nos permite mantener el centro incluso en medio del caos. Cuando el mundo a nuestro alrededor parece desmoronarse, cuando las circunstancias se tornan adversas y nuestras expectativas se derrumban, la serenidad actúa como un ancla que nos sostiene. Nos recuerda que, aunque no siempre podemos controlar lo que sucede, sí podemos decidir cómo responder. Esta capacidad de elegir conscientemente nuestra respuesta es lo que convierte a la serenidad en una verdadera fortaleza. Nos permite no ser víctimas pasivas de las circunstancias, sino agentes activos que determinan su actitud y su curso de acción, incluso en las situaciones más difíciles. Es en estos momentos de adversidad donde la serenidad revela su verdadero poder: el de convertirnos en arquitectos de nuestra propia respuesta, en lugar de ser simples marionetas de los eventos que nos rodean. El cultivo de la serenidad requiere prácticas deliberadas y constantes. Una de estas prácticas fundamentales es la meditación sobre la mortalidad y la impermanencia, conocida en el estoicismo como "memento mori". Recordar constantemente la naturaleza efímera de la vida nos permite poner en perspectiva nuestras preocupaciones, valorar lo que realmente importa y liberarnos del apego a las trivialidades. La conciencia de nuestra mortalidad nos impulsa a vivir con plena presencia, a no malgastar nuestra energía en preocupaciones banales y a mantener la calma frente a los desafíos, sabiendo que, al final, todo es transitorio. La serenidad se nutre de esta perspectiva amplia y desapegada, que nos permite trascender el momento inmediato y situar nuestras vidas en un contexto más amplio y significativo. Al comprender la fugacidad de nuestra existencia, cada momento adquiere un valor incalculable, y la serenidad se convierte en el medio para honrar ese valor. Otra práctica esencial para cultivar la serenidad es el "amor fati", o el amor al destino. Esta actitud nos invita a aceptar todo lo que sucede, no con resignación pasiva, sino con una disposición positiva, como si hubiéramos elegido conscientemente cada evento de nuestra vida.

Amor fati implica una aceptación activa de cada circunstancia, un reconocimiento de que cada experiencia, tanto la agradable como la dolorosa, forma parte de nuestro desarrollo personal y de nuestra narrativa única. Al adoptar esta actitud, dejamos de luchar contra la realidad y empezamos a fluir con ella, transformando cada situación, por adversa que sea, en una oportunidad para crecer y fortalecernos. Esta aceptación profunda es la fuente de una serenidad que permanece inquebrantable ante las fluctuaciones del entorno. No se trata de resignarse, sino de abrazar el curso de la vida con una mente abierta y un corazón dispuesto, entendiendo que cada desafío es una oportunidad para demostrar nuestra capacidad de resiliencia y crecimiento. El autocontrol es otro componente crucial en el desarrollo de la serenidad. La capacidad de controlar nuestros impulsos, de no reaccionar automáticamente a cada provocación o estímulo externo, es fundamental para sostener un estado de calma interior. En lugar de responder instintivamente ante cada contratiempo, el estoico practica la pausa, la reflexión y la elección consciente de cómo actuar. Este espacio entre el estímulo y la respuesta es donde reside la verdadera libertad, y es precisamente en ese espacio donde la serenidad puede florecer. Al ejercitar el autocontrol, cultivamos una mente serena, capaz de responder con sabiduría y deliberación, en lugar de reaccionar impulsivamente. Este tipo de autocontrol no solo nos proporciona estabilidad interna, sino que también transforma la calidad de nuestras interacciones con el mundo, haciendo posible que respondamos con intención y propósito en lugar de con mera reactividad. La serenidad también está intrínsecamente conectada con la virtud de la justicia. Ser sereno no significa ser indiferente al sufrimiento de los demás o a las injusticias del mundo. Al contrario, la serenidad nos proporciona la claridad necesaria para actuar con justicia, para enfrentar situaciones difíciles con una mente despejada y un corazón abierto. La serenidad nos permite ver más allá de nuestras propias emociones y prejuicios, y actuar en beneficio del bien común, sin ser arrastrados por la ira, el resentimiento o el miedo.

La justicia, ejercida desde la serenidad, se convierte en una fuerza transformadora, una manera de actuar que busca la armonía y el equilibrio, no el conflicto ni la confrontación. La serenidad nos ofrece la capacidad de ser imparciales, de actuar desde un lugar de equidad y compasión, reconociendo el valor intrínseco de cada ser humano y la importancia de contribuir a una sociedad más justa. El papel de la serenidad en nuestras relaciones interpersonales es igualmente fundamental. En nuestras interacciones con los demás, la serenidad nos permite escuchar sin reaccionar de inmediato, comprender sin apresurarnos a juzgar, y responder de manera que promueva la conexión y el entendimiento mutuo. En lugar de dejarnos llevar por la irritación, la impaciencia o el orgullo, la serenidad nos permite actuar con compasión y empatía, creando vínculos más auténticos y significativos. La serenidad nos ayuda a ser conscientes de nuestras propias emociones y a evitar proyectarlas sobre los demás, a ser responsables de nuestra propia paz interior y a contribuir activamente a la paz de quienes nos rodean. Esta cualidad nos convierte en anclas de estabilidad en nuestras relaciones, permitiendo que, incluso en medio de conflictos o malentendidos, mantengamos la claridad necesaria para actuar desde el amor y la comprensión. Como todas las virtudes estoicas, la serenidad no es un estado que se alcanza de una vez y para siempre, sino una práctica constante. Es el resultado de innumerables pequeñas decisiones, de elecciones conscientes que hacemos en cada momento de nuestras vidas. Cada vez que elegimos no reaccionar ante una provocación, cada vez que optamos por aceptar en lugar de resistir, cada vez que decidimos actuar con justicia y compasión en lugar de ceder al egoísmo o al miedo, estamos cultivando la serenidad. Con el tiempo, estas decisiones se acumulan, creando un estado interno de paz que se convierte en nuestra mayor fortaleza. Este proceso es similar al de un río que, gota a gota, va formando un cauce firme y profundo.

Cada pequeña acción en dirección a la serenidad contribuye a esculpir un carácter sólido y equilibrado, capaz de soportar los embates de la vida sin perder su esencia. En última instancia, la serenidad es una manifestación de sabiduría. Es el reconocimiento de que nuestra paz interior no depende de las circunstancias externas, sino de nuestra relación con nosotros mismos y con el mundo. Es la comprensión de que, aunque no siempre podamos elegir lo que nos sucede, sí podemos elegir cómo interpretarlo y cómo responder. La serenidad es la capacidad de mantenernos firmes en medio de la tormenta, de ser el ancla en un mar agitado, de actuar con virtud y propósito incluso cuando todo a nuestro alrededor parece desmoronarse. Es, en última instancia, la fortaleza de quien ha aprendido a vivir en armonía consigo mismo y con el universo, de quien ha encontrado en la serenidad la base para construir una vida rica y con propósito. Esta armonía interna, cimentada en la serenidad, no solo nos protege del caos externo, sino que también nos proporciona la claridad para ver la belleza y el orden subyacente en la vida, incluso en sus momentos más oscuros. La serenidad, entonces, no es simplemente una calma pasajera. Es una fuerza activa, una virtud que se forja a través de la aceptación, el autocontrol, el amor al destino y la justicia. Es la expresión más pura de la libertad interior, la capacidad de vivir sin ser esclavos de las circunstancias, los deseos o las emociones. Es la manifestación de la verdadera fortaleza del ser humano, una fuerza que no necesita imponerse ni demostrar su poder, sino que reside en la quietud, en la claridad, y en la capacidad de actuar desde el centro más profundo de nuestro ser. La serenidad es, en definitiva, el fundamento sobre el cual se erige una vida guiada por la virtud y el propósito, una vida que no se define por el caos externo, sino por la paz y la integridad que habitan en nuestro interior. A través de la serenidad, nos convertimos en creadores de nuestra propia realidad, capaces de navegar por la vida con una firmeza que trasciende lo efímero y nos conecta con lo eterno, con aquello que verdaderamente da sentido a nuestra existencia.

CAPÍTULO 5: EL ARTE DE LA ACEPTACIÓN

La aceptación, en el contexto del estoicismo, constituye un arte complejo que requiere no solo coraje, sino también una profunda comprensión y sabiduría. Aceptar no implica resignarse a lo inevitable con una sensación de impotencia, sino que se refiere al acto de abrazar, con serenidad y entereza, todo aquello que nos acontece. Este proceso conlleva el reconocimiento de que nuestras circunstancias no siempre estarán bajo nuestro control, pero sí lo estará nuestra actitud hacia ellas. La aceptación, en este sentido, es un acto de libertad interior, una elección deliberada de no permitir que aquello que no podemos cambiar perturbe nuestra paz y equilibrio. Es una actitud activa que transforma nuestra perspectiva: un recordatorio constante de que la paz interior no se encuentra al intentar cambiar las circunstancias, sino al transformarnos a nosotros mismos. Este arte comienza con la comprensión esencial de que el mundo no está diseñado para satisfacer nuestros deseos personales. La naturaleza de la vida es intrínsecamente impredecible y llena de desafíos, muchos de los cuales están más allá de nuestro control. Sin embargo, lo que siempre está a nuestro alcance es la forma en la que respondemos a esos desafíos, cómo elegimos interpretar y reaccionar ante cada circunstancia que se nos presenta. Aceptar implica alinearse con el flujo natural de la existencia, soltar la resistencia y abrir el corazón a todo lo que llega, ya sea placentero o doloroso.

Esta alineación no debe confundirse con pasividad; más bien, es una forma activa de compromiso con la realidad, un acto de coraje profundo que nos libera del sufrimiento innecesario. Es un proceso que nos invita a entrar en resonancia con la vida tal como es, sin la constante necesidad de intentar moldearla según nuestros deseos. Los estoicos enseñaban que la clave para una vida virtuosa y rica en significado radica en la capacidad de distinguir entre aquello que podemos controlar y lo que no. Esta es la base de la dicotomía del control, un principio cardinal del estoicismo. Al aceptar aquello que está fuera de nuestro control, liberamos nuestra mente del peso de las preocupaciones fútiles, y podemos enfocarnos en lo que realmente importa: nuestras propias acciones, nuestras decisiones y nuestra capacidad de cultivar la virtud. Así, la aceptación no es una excusa para la inacción, sino la premisa necesaria para una acción efectiva y significativa. Solo cuando dejamos de luchar contra la realidad y aceptamos las cosas tal como son, podemos actuar de manera constructiva y eficaz. En ese punto, nuestro enfoque se vuelve más preciso, nuestra energía se alinea con aquello que podemos influir, y nuestras acciones cobran un significado más profundo y auténtico. El arte de la aceptación también implica un desapego consciente. A menudo, el sufrimiento no surge de las circunstancias en sí, sino de nuestro apego a cómo deseamos que sean las cosas. Nos aferramos a nuestras expectativas, a nuestras ideas preconcebidas sobre cómo deberían ser las personas y los eventos, y cuando la realidad no coincide con esos ideales, experimentamos frustración, ira o desesperanza. El desapego no significa indiferencia o falta de interés; se refiere a la capacidad de experimentar la vida sin aferrarse a un resultado específico. Es la habilidad de mantener el corazón abierto y la mente serena, sin permitir que nuestras expectativas condicionen nuestra felicidad. En este sentido, la aceptación y el desapego son compañeros inseparables en el camino hacia la libertad interior. Al liberar nuestras expectativas, también nos liberamos de la angustia que genera intentar forzar la realidad a ajustarse a nuestros deseos, y en su lugar, encontramos paz en la fluidez de lo que simplemente es.

Aceptar también implica reconocer nuestras propias limitaciones, nuestros errores y debilidades, sin juzgarnos con severidad. La autocompasión es un componente esencial del arte de la aceptación. Los estoicos no pretendían ser perfectos, sino ser profundamente humanos: conscientes de sus fallos y siempre dispuestos a aprender de ellos. Aceptarnos a nosotros mismos tal y como somos—con nuestras sombras y nuestras luces—nos permite crecer y avanzar con integridad. Esta autocompasión nos otorga la fuerza necesaria para enfrentar nuestras imperfecciones sin temor, para aprender de cada caída y levantarnos con una determinación renovada. Aceptar nuestras limitaciones abre la puerta a una transformación genuina, un proceso de mejora continua que está profundamente arraigado en la realidad, no en una fantasía de perfección inalcanzable. Es precisamente la aceptación de nuestra humanidad lo que nos permite florecer y nos otorga la libertad de ser vulnerables y, al mismo tiempo, resilientes. El "amor fati", o amor al destino, es uno de los conceptos más profundos relacionados con la aceptación. Este principio nos invita no solo a aceptar lo que nos ocurre, sino a amarlo, a verlo como parte integral de nuestra existencia y como una oportunidad de crecimiento. Cuando abrazamos una actitud de amor fati, dejamos de categorizar los eventos de nuestra vida como buenos o malos y comenzamos a verlos como necesarios para nuestro desarrollo. Cada experiencia, cada desafío, cada pérdida, se convierte en una parte esencial de nuestra narrativa, una pieza del rompecabezas que nos ayuda a ser quienes somos. Amar nuestro destino significa aceptar que la vida nos ofrece exactamente lo que necesitamos en cada momento, aunque no siempre sea lo que deseamos. Esta aceptación activa y amorosa transforma la adversidad en una oportunidad de crecimiento, convirtiendo incluso los momentos más oscuros en portales hacia una comprensión más profunda de nosotros mismos y de la vida. La aceptación también implica una profunda confianza en el orden natural del cosmos.

Para los estoicos, el universo opera con una lógica y propósito que, aunque no siempre podamos comprender, está alineado con un bien mayor. Esta confianza en el orden natural nos permite aceptar incluso aquellas circunstancias que parecen injustas o dolorosas. Al confiar en que existe un propósito más amplio detrás de cada evento, nos liberamos del resentimiento y la resistencia, y nos abrimos a la posibilidad de aprender y crecer a través de cada experiencia. Esta confianza nos permite ver la vida desde una perspectiva más amplia, reconocer que somos parte de un todo mucho más grande y que cada uno de nuestros desafíos contribuye a nuestro desarrollo personal y espiritual. Nos recuerda que, aunque nuestra visión sea limitada, el flujo del universo sigue un curso que siempre busca el equilibrio y la armonía. El arte de la aceptación no es un proceso fácil ni inmediato. Requiere una práctica constante y un compromiso profundo con uno mismo. También requiere humildad: la capacidad de reconocer que no siempre sabemos lo que es mejor y que la vida tiene una manera misteriosa de enseñarnos lo que necesitamos aprender. La aceptación es un acto de rendición, no una rendición en términos de derrota, sino una apertura: una disposición a permitir que la vida nos transforme y una voluntad de confiar en el proceso incluso cuando no podemos ver el camino claramente. Esta rendición nos libera del sufrimiento autoimpuesto, nos permite soltar el peso de las expectativas y nos invita a vivir con una ligereza y autenticidad mayores. Es una rendición que no implica debilidad, sino una valentía profunda que nos lleva a danzar con la vida en lugar de luchar contra ella. Aceptar no significa abandonar nuestros valores o renunciar a nuestros esfuerzos por mejorar el mundo. Al contrario, la aceptación nos permite actuar desde un lugar de serenidad y claridad. Nos libera del miedo al fracaso y del apego a los resultados, lo cual, paradójicamente, nos hace más eficaces en nuestras acciones. Al aceptar lo que no podemos cambiar, enfocamos toda nuestra energía en aquello que sí está a nuestro alcance, en lo que realmente importa.

Esta actitud nos permite trabajar por el bien común con determinación serena, sin desanimarnos por los obstáculos ni abrumarnos por la magnitud de los desafíos. La aceptación, al liberarnos de la ansiedad y del apego, nos permite actuar con una claridad y una intención más puras, haciendo que nuestras acciones sean más poderosas y armónicas. El arte de la aceptación, en última instancia, es una expresión de amor: amor por la vida tal como es, con todas sus imperfecciones e incertidumbres. Es el reconocimiento de que cada momento, cada circunstancia, es un regalo que nos ofrece la oportunidad de crecer y ser más plenamente quienes somos. Aceptar es amar sin condiciones; es vivir sin resistencia y encontrar la paz en medio de la tormenta. Es comprender que, aunque no siempre podamos controlar lo que nos sucede, siempre podemos elegir cómo responder, y esa elección es donde reside nuestra verdadera libertad. Esta libertad es la esencia de la fortaleza estoica: la capacidad de permanecer imperturbables ante las dificultades, no porque seamos insensibles, sino porque hemos aprendido a amar la vida en su totalidad, con todas sus facetas. La aceptación es, por tanto, una práctica constante, una elección diaria que nos permite vivir con mayor autenticidad. Es el arte de abrazar la vida con todos sus altibajos, de aprender a fluir con el curso de los eventos sin perder nuestro centro, de encontrar el equilibrio entre la acción y la rendición. En un mundo lleno de incertidumbre, el arte de la aceptación nos ofrece una vía hacia la paz, una forma de ser y estar que nos libera del sufrimiento innecesario y nos conecta con la esencia misma de nuestra existencia. A través de la aceptación, descubrimos que la verdadera fortaleza no reside en nuestra capacidad de cambiar el mundo, sino en nuestra capacidad de cambiar nuestra relación con él, de encontrar paz y propósito incluso en medio del caos. Es, en última instancia, un retorno a nuestra propia esencia, una reconexión con la fuente de nuestra fuerza interior que nos permite navegar la vida con serenidad y gratitud. La aceptación nos enseña que la paz no es la ausencia de problemas, sino la capacidad de enfrentarlos con un corazón abierto y una mente clara.

Es la decisión de estar en armonía con el curso de los eventos, de aceptar cada momento como una parte integral de nuestro viaje. Al practicar el arte de la aceptación, nos liberamos de la carga de la resistencia y de la lucha constante contra lo que es. Esta libertad nos otorga una ligereza en el ser, una capacidad de vivir el presente con gratitud, sin el peso de los "y si" o los "debería ser". La aceptación es la puerta hacia una vida vivida auténticamente, una vida que no busca la perfección, sino la verdad de cada instante, con todo lo que trae consigo. Aceptar también implica aprender a ver la belleza en lo imperfecto, a reconocer que es precisamente la imperfección lo que hace que la vida sea rica en significado. Los desafíos, los errores y las pérdidas son todos elementos esenciales de la experiencia humana. Cuando aceptamos esta verdad, dejamos de resistirnos a la vida y comenzamos a verla como una obra de arte en constante evolución. Cada momento, cada emoción, cada desafío se convierte en una pincelada que contribuye a la obra maestra que es nuestra vida. La aceptación nos invita a ser artistas de nuestra propia existencia, a trabajar con lo que tenemos, a encontrar la belleza incluso en los trazos que parecen erróneos o fuera de lugar. En conclusión, el arte de la aceptación es un viaje continuo hacia la libertad interior. Es la práctica de abrirnos a la vida, de soltar el control y de confiar en el proceso, de actuar con integridad y de rendirnos con valentía. Nos enseña que la verdadera fortaleza no reside en nuestra capacidad de cambiar las circunstancias externas, sino en la capacidad de permanecer firmes y en paz en medio de cualquier circunstancia. A través de la aceptación, aprendemos a amar la vida tal como es, a encontrar significado en cada experiencia y a vivir con una serenidad que trasciende el caos. La aceptación es, en última instancia, el arte de ser plenamente humanos, de abrazar cada aspecto de nuestra existencia con gratitud y de encontrar en cada momento la oportunidad de crecer y ser más profundamente quienes realmente somos.

CAPÍTULO 6: FORJANDO EL CARÁCTER VIRTUOSO

Forjar un carácter virtuoso constituye, en la tradición estoica, la tarea central y esencial de la existencia humana. No es una meta fija que se alcanza de una vez por todas, sino un proceso continuo y dinámico de autotransformación. Este trabajo artesanal requiere una dedicación constante, un profundo autoconocimiento, y una conexión sincera con nuestros principios más elevados. La virtud, lejos de ser un ideal abstracto, es la manifestación de lo que significa vivir auténticamente, en armonía con la razón y en consonancia con los demás. Un carácter virtuoso refleja una voluntad firme de vivir con integridad, guiados por valores que trascienden el ego y las pasiones efímeras, lo cual se convierte en la piedra angular de una vida rica en significado, donde cada acto, por pequeño que sea, contribuye a la construcción de una existencia digna y plena. En el pensamiento estoico, la virtud es concebida como la excelencia del alma.

No se trata meramente de acumular buenas acciones, sino de la expresión de una disposición interna constante hacia el bien, hacia lo correcto y lo justo. La virtud implica actuar conforme a la razón, reconocer nuestra interconexión con el cosmos y con la comunidad humana, y vivir coherentemente con nuestros principios. Los cuatro pilares de la virtud estoica—sabiduría, justicia, coraje y templanza—constituyen las guías fundamentales en este camino. Son los fundamentos sobre los cuales edificamos nuestro carácter y, por ende, nuestra existencia. Cada una de estas virtudes se cultiva y se manifiesta en nuestras decisiones y acciones cotidianas, en la forma en que enfrentamos las adversidades y en cómo nos relacionamos con el mundo, definiendo así no solo lo que hacemos, sino también quiénes somos y cómo elegimos existir.

La sabiduría, la primera de estas virtudes, es la capacidad de discernir lo que es verdaderamente importante de aquello que no lo es. Es el faro que ilumina nuestro camino y nos permite tomar decisiones conscientes, actuar con claridad y mantener la serenidad incluso en circunstancias inciertas. La sabiduría no se reduce al conocimiento teórico; es un saber práctico, una comprensión profunda de la naturaleza de la vida y de nuestra propia esencia. Se expresa en la capacidad de ver las cosas tal como son, sin adornos ni ilusiones, y de actuar en consecuencia. La sabiduría nos enseña a mirar más allá de las apariencias superficiales, reconociendo que el valor de la virtud supera a cualquier bien material o a la aprobación externa. Ser sabio es, por tanto, saber escoger lo que es realmente valioso y actuar en coherencia con esa elección, resistiendo la tentación de la superficialidad y de las distracciones que nos alejan de nuestro propósito más elevado. La verdadera sabiduría implica una disposición constante a aprender de cada experiencia, a buscar el conocimiento que nos acerque a la virtud y a aplicar ese conocimiento de manera práctica y reflexiva en nuestra vida diaria. La justicia, por su parte, es la virtud que nos conecta profundamente con los demás. Es el principio que nos guía hacia la equidad, a reconocer la dignidad inherente de cada ser humano y a contribuir al bienestar colectivo. La justicia no se limita al cumplimiento de leyes o normas sociales; es una disposición interna que nos impulsa a tratar a los demás con respeto, empatía y compasión. Para el estoico, ser justo significa reconocer que no estamos separados de los demás, sino que nuestra felicidad está intrínsecamente ligada al bienestar de la comunidad. La justicia nos insta a trascender el egoísmo y a actuar siempre con el bien común en mente, transformando nuestras relaciones en espacios de crecimiento mutuo y armonía auténtica.

Ser justo no solo significa evitar el daño, sino también buscar activamente el bien, ser una fuerza positiva en el entorno que nos rodea y fomentar un espíritu de cooperación y apoyo mutuo. La justicia, entendida desde una perspectiva estoica, se convierte en un acto de amor hacia la humanidad, un compromiso constante de mejorar nuestras comunidades y de actuar como defensores del respeto y la igualdad. El coraje es la virtud que nos permite enfrentar los desafíos de la vida con firmeza y sin sucumbir al temor. No se trata de la ausencia de miedo, sino de la capacidad de actuar a pesar de él, de mantenernos fieles a nuestras convicciones incluso cuando las circunstancias son adversas. El coraje nos da la fortaleza para resistir la tentación de ceder ante la desesperación o el desaliento cuando enfrentamos incertidumbre o adversidad. Es la fuerza interior que nos impulsa a avanzar, a mantenernos fieles a nuestros principios y a afrontar la vida con dignidad y determinación. Para el estoico, el coraje es esencial porque vivir conforme a la virtud implica inevitablemente enfrentar obstáculos y dificultades, y es en estas pruebas donde se revela nuestra verdadera fortaleza. El coraje nos impulsa a sobreponernos a nuestros miedos internos, a desafiar nuestras limitaciones y a expandir los límites de nuestra capacidad de resistencia, transformando cada prueba en una oportunidad de crecimiento. El coraje también nos permite enfrentar nuestras propias sombras, reconocer nuestros errores y aprender de ellos, asumiendo responsabilidad por nuestras acciones y buscando siempre mejorar. La templanza, finalmente, es la virtud que nos enseña a moderar nuestros deseos y a preservar el equilibrio interior. Es la capacidad de controlar nuestras pasiones, de no dejarnos arrastrar por impulsos ni por la búsqueda de placeres efímeros. La templanza nos permite actuar con mesura, de acuerdo con lo que la razón nos dicta, en lugar de responder irreflexivamente a nuestras emociones. Esta virtud nos enseña a valorar lo esencial, a evitar los excesos, y a mantener una vida armoniosa y equilibrada.

La templanza no implica la supresión de las emociones, sino la integración consciente y constructiva de estas, asegurando que no interfieran con nuestra capacidad de actuar en consonancia con la virtud. Es aprender a vivir con moderación, cultivando un sentido de satisfacción que no depende de la abundancia externa, sino del equilibrio interno y la paz consigo mismo. La templanza nos invita a ser los dueños de nuestros impulsos, a actuar desde la reflexión y no desde la reactividad, construyendo así una vida de serenidad y propósito. Forjar un carácter virtuoso implica, fundamentalmente, una reflexión profunda sobre nuestras acciones, pensamientos y motivaciones. Es un trabajo que comienza con el autoconocimiento: la disposición a examinarnos honestamente, a reconocer nuestras debilidades y a trabajarlas sin juzgarnos con dureza. Este proceso requiere humildad—la capacidad de aceptar que no somos perfectos, que poseemos fallos, y que siempre hay espacio para el crecimiento. La virtud no es una meta fija que se alcanza y se mantiene sin esfuerzo; es una práctica constante, una decisión diaria de actuar conforme a nuestros principios más elevados. El autoconocimiento nos permite identificar aquellas áreas en las que necesitamos trabajar, así como nuestras fortalezas, para potenciarlas en beneficio propio y del bien común. La introspección y la disposición a aprender de nuestros errores son esenciales para el desarrollo de un carácter sólido, ya que nos brindan las herramientas para mejorar cada aspecto de nuestra vida y nos permiten actuar con mayor conciencia y propósito. Los estoicos proponían ejercicios específicos para cultivar la virtud y fortalecer el carácter. Entre ellos, la práctica diaria de la reflexión y la revisión de nuestras acciones ocupa un lugar preeminente. Al final de cada día, los estoicos recomendaban dedicar un momento a revisar nuestras acciones, identificar aquellos momentos en los que actuamos con virtud y aquellos en los que fallamos. Esta práctica no tiene como propósito generar culpa o autocastigo, sino fomentar una mejora continua, un aprendizaje constante a partir de nuestras experiencias.

Es una herramienta para mantenernos en el camino de la virtud, asegurándonos de que cada día estamos más cerca de ser la mejor versión de nosotros mismos. Esta revisión diaria fomenta la conciencia de nuestras decisiones, permitiéndonos identificar patrones de comportamiento y trabajar para corregirlos, con una actitud de compasión hacia nosotros mismos. La práctica de la revisión nos proporciona una brújula moral, un mapa interno que nos guía hacia un comportamiento cada vez más alineado con nuestros valores fundamentales. Otro ejercicio esencial es la visualización negativa, una práctica que consiste en imaginar las posibles dificultades y pérdidas que podríamos enfrentar. Esta visualización no busca generar temor o ansiedad, sino prepararnos para las inevitables vicisitudes de la vida, de modo que, cuando lleguen, no nos tomen por sorpresa. Al practicar la visualización negativa, aprendemos a valorar lo que tenemos en el presente y a cultivar una actitud de gratitud y aceptación. Esta práctica fomenta la resiliencia, fortaleciendo nuestra capacidad para enfrentar la adversidad sin perder el equilibrio ni la paz interior. La visualización negativa nos permite ver los eventos en perspectiva, comprendiendo que incluso las situaciones difíciles son transitorias y forman parte de nuestro proceso de crecimiento. Esta preparación mental nos otorga una fuerza interior que nos permite aceptar los desafíos con mayor ecuanimidad, y nos ayuda a no sobrevalorar la adversidad, reconociendo que nuestras capacidades de afrontamiento son más fuertes de lo que imaginamos. El acompañamiento de maestros y ejemplos de virtud también desempeña un papel crucial en el proceso de forjar un carácter virtuoso. Los estoicos valoraban enormemente el papel de los sabios y de aquellos que han vivido conforme a la virtud como guías e inspiraciones. Marco Aurelio, por ejemplo, dedicaba parte de sus meditaciones a recordar las cualidades de quienes admiraba, con el objetivo de emular sus virtudes y aprender de sus ejemplos. Para forjar un carácter virtuoso, necesitamos modelos a seguir—personas que nos inspiren y nos recuerden que es posible vivir de acuerdo con la virtud, incluso en medio de las dificultades más grandes.

La inspiración que obtenemos de los ejemplos de virtud nos motiva a superar nuestros propios límites y a perseverar en el cultivo de nuestras propias cualidades. Aprender de los ejemplos de aquellos que nos precedieron y encontrar mentores que puedan guiarnos en el presente nos brinda una perspectiva más amplia sobre el camino de la virtud, conectándonos con una tradición de sabiduría que trasciende el tiempo. El proceso de forjar un carácter virtuoso también requiere paciencia y perseverancia. La virtud no se desarrolla de la noche a la mañana; es el resultado de un proceso largo y, a menudo, arduo. Habrá momentos de duda, de fracaso y de retroceso, pero estos momentos forman parte del camino. Cada desafío, cada error, es una oportunidad para aprender y fortalecer nuestro carácter. La perseverancia es, en sí misma, una virtud: la disposición a continuar en el camino de la excelencia personal incluso cuando los resultados no son inmediatos o cuando las circunstancias parecen insuperables. La paciencia nos enseña que el proceso de crecimiento es lento y que cada pequeño paso hacia adelante tiene un valor inmenso. En cada obstáculo y retroceso, hay una lección valiosa que contribuye a la solidez de nuestro carácter, y es mediante la constancia y la determinación que logramos forjar una vida de verdadera integridad. La perseverancia también nos enseña a no desanimarnos ante el fracaso, sino a verlo como un componente natural del crecimiento, un recordatorio de que el camino hacia la virtud está lleno de desafíos que valen la pena superar. En última instancia, forjar un carácter virtuoso es un acto de amor hacia uno mismo y hacia los demás. Es la decisión de vivir conforme a lo mejor de nosotros, de contribuir al bienestar de la comunidad y de actuar siempre con integridad y rectitud. La virtud no solo nos permite vivir en paz con nosotros mismos, sino también en armonía con el mundo que nos rodea.

Es el fundamento de una vida rica en significado, una existencia que no se define por las circunstancias externas, sino por la calidad de nuestras decisiones y la firmeza de nuestros principios. Al forjar nuestro carácter, nos convertimos en ejemplos para los demás, en fuentes de inspiración y en agentes de cambio positivo en el mundo. Cada acto virtuoso que realizamos tiene el potencial de influir positivamente en quienes nos rodean, creando un efecto multiplicador que puede extenderse más allá de lo que imaginamos. Forjar un carácter virtuoso es, por tanto, el desafío y la misión más importantes de nuestra existencia. Es el compromiso de vivir cada día con valentía, justicia, sabiduría y templanza, de ser la mejor versión de nosotros mismos y de contribuir al bien común. Es la voluntad de ser arquitectos de nuestra propia vida, de construir un carácter sólido que nos permita enfrentar cualquier circunstancia con dignidad y paz interior. En este proceso de forjar la virtud encontramos no solo nuestra verdadera fortaleza, sino también nuestra auténtica libertad: la libertad de ser quienes realmente somos, más allá de las circunstancias, de las apariencias y de las expectativas externas. Esta libertad es la manifestación de una vida bien vivida, en la que cada momento se convierte en una oportunidad para demostrar nuestra humanidad más elevada, y en la que la búsqueda de la virtud se convierte en un legado que trasciende nuestra propia existencia.

CAPÍTULO 7: EL VIAJE INTERIOR

El viaje interior constituye, sin duda, el más profundo y complejo de los viajes que un ser humano puede emprender. Se trata de un recorrido hacia el núcleo mismo de nuestra esencia, un proceso introspectivo que exige valor, honestidad y la disposición a enfrentar nuestras verdades más oscuras, incluso aquellas que preferiríamos mantener ocultas. Para los estoicos, este viaje no es una opción; es una condición sine qua non para alcanzar la sabiduría y vivir de manera verdaderamente virtuosa. Conocerse a uno mismo, explorar las profundidades del ser y comprender nuestras motivaciones más íntimas son los pilares sobre los que se edifica un carácter sólido y una existencia guiada por principios éticos y elevados. El viaje interior comienza con la disposición a mirarnos sin máscaras, a observarnos con una mirada aguda y sin prejuicios, reconociendo quiénes somos en realidad. Esto implica identificar nuestras virtudes y defectos, nuestros miedos y deseos, así como nuestros apegos y aversiones. El objetivo de esta exploración no es juzgar ni condenar, sino comprender. Comprender de dónde emergen nuestros pensamientos y emociones, y cómo estos determinan nuestras acciones. Esta comprensión profunda de nosotros mismos constituye la base de la libertad interior, ya que nos permite dejar de ser esclavos de impulsos y pasiones inconscientes y nos brinda la capacidad de actuar con verdadera autonomía, en consonancia con nuestros valores más altos.

El viaje interior exige, además, un compromiso constante con la autoobservación y la reflexión. Los estoicos practicaban la introspección diaria como medio para evaluar sus acciones, pensamientos y actitudes. Marco Aurelio, por ejemplo, dedicaba tiempo cada noche para reflexionar sobre sus actos durante el día, identificar áreas en las que había fallado en vivir conforme a la virtud y reafirmar su compromiso con la mejora continua. Esta práctica de autoevaluación constituye una herramienta poderosa para el crecimiento personal, ya que nos ayuda a tomar conciencia de nuestras debilidades y a trabajar en ellas con paciencia y determinación. Es un proceso de refinamiento incesante, donde cada día se convierte en una oportunidad para avanzar un poco más hacia nuestra mejor versión. Esta disciplina constante nos enseña que el perfeccionamiento del carácter no es un acto aislado, sino una práctica diaria que requiere atención plena y un compromiso genuino con nuestra evolución personal. La capacidad de autoevaluación y la honestidad consigo mismo se convierten en los cimientos de una vida virtuosa, donde cada momento de reflexión nos acerca más a la comprensión de nuestra verdadera naturaleza. En este viaje hacia el interior, es esencial también aprender a confrontar nuestras propias sombras. Todos tenemos aspectos de nosotros mismos que preferiríamos no reconocer: inseguridades, miedos, deseos egoístas. Sin embargo, ignorar estas facetas de nuestro ser no las hace desaparecer; al contrario, les otorga poder sobre nosotros. Solo cuando encontramos el coraje de enfrentar nuestras sombras, de sacar a la luz esos aspectos que mantenemos ocultos, podemos comenzar a transformarlos. Este proceso de confrontación y aceptación de nuestras sombras es uno de los actos más valientes que podemos realizar y es fundamental para el desarrollo de un carácter virtuoso. Al aceptar nuestras imperfecciones, no solo nos liberamos del peso de la negación, sino que también abrimos la puerta a una transformación profunda y auténtica. Reconocer y enfrentar estas sombras nos permite también conectarnos con nuestra humanidad compartida, entendiendo que cada ser humano tiene sus propias luchas y que estas luchas son, en última instancia, oportunidades para el crecimiento y la trascendencia personal.

El viaje interior también nos enfrenta con la naturaleza de nuestras creencias y patrones de pensamiento. A lo largo de nuestras vidas, desarrollamos creencias sobre nosotros mismos, los demás y el mundo que nos rodea. Muchas de estas creencias están arraigadas en experiencias pasadas y, a menudo, no han sido examinadas críticamente. Pueden limitar nuestra capacidad de crecer, de relacionarnos con los demás y de vivir plenamente. Por ello, una parte esencial del viaje interior consiste en cuestionar estas creencias, analizar su validez y decidir si queremos seguir aferrándonos a ellas. Este proceso requiere apertura y humildad, pues a veces descubrimos que nuestras creencias más arraigadas son las que más nos limitan. Liberarnos de estas creencias restrictivas nos permite abrirnos a nuevas posibilidades y vivir de una manera más auténtica y libre. Al cuestionar nuestras creencias, aprendemos a desmantelar aquellos paradigmas que nos mantienen estancados y comenzamos a construir una visión más expansiva y enriquecedora de nuestra vida y de nuestras capacidades. Es un acto de liberación mental que nos permite reinventarnos y redescubrir nuestro potencial ilimitado. Un aspecto central del viaje interior es el cultivo de la atención plena, o lo que los estoicos denominaban "prosoche". La atención plena es la capacidad de estar completamente presentes en cada momento, de observar nuestros pensamientos y emociones sin identificarnos con ellos y de responder a las circunstancias con plena conciencia, en lugar de reaccionar automáticamente. Los estoicos comprendían que la mente humana tiende a divagar, a preocuparse por el futuro o a lamentarse por el pasado, y que esta distracción constante nos aleja de la posibilidad de vivir de acuerdo con la virtud. La práctica de la atención plena nos ayuda a anclar nuestra conciencia en el presente, a observar nuestras experiencias con claridad y a actuar de manera coherente con nuestros valores.

Es un entrenamiento continuo que desarrolla nuestra capacidad de discernir lo que merece nuestra atención y nos ayuda a mantenernos enfocados en lo que realmente importa. Al cultivar la atención plena, no solo ganamos en serenidad, sino que también fortalecemos nuestra capacidad de responder de manera sabia y eficaz a los desafíos que la vida nos presenta. La atención plena se convierte en un escudo contra la reactividad impulsiva, permitiéndonos actuar con una calma consciente que es esencial para mantener la virtud en todas nuestras acciones. El silencio juega también un papel fundamental en el viaje interior. Vivimos en un mundo saturado de ruido y distracciones constantes que nos apartan de nosotros mismos. El silencio, tanto exterior como interior, nos permite conectar con nuestra esencia, escuchar nuestra voz interna y reflexionar sobre nuestras experiencias. Es en el silencio donde encontramos claridad, donde podemos escuchar nuestras propias inquietudes y anhelos, y donde podemos discernir el camino a seguir. Practicar el silencio, retirarnos de vez en cuando del bullicio del mundo para estar a solas con nosotros mismos, es una forma de nutrir nuestro espíritu y profundizar en nuestro autoconocimiento. En el silencio podemos observar con mayor claridad nuestras intenciones, nuestras motivaciones y los deseos que nos impulsan, y podemos decidir conscientemente cuáles de ellos merecen ser perseguidos y cuáles deben ser abandonados. El silencio se convierte, así, en un espacio sagrado de encuentro con nosotros mismos, en el que podemos despojarnos de las distracciones externas y conectar con la sabiduría interna que reside en nuestro ser. Este silencio interior, cultivado con paciencia y devoción, nos permite acceder a un nivel más profundo de claridad y comprensión, donde la verdadera naturaleza de nuestros anhelos y temores se revela con nitidez. El viaje interior también requiere la práctica de la aceptación. A medida que nos adentramos en nuestro ser, descubrimos aspectos de nuestra personalidad que no siempre nos agradan. Podemos encontrar miedos, resentimientos, apegos y debilidades.

La aceptación no implica resignación, sino la disposición a reconocer lo que es, a observarlo sin juicio y a trabajar en aquello que podemos mejorar. La aceptación nos permite dejar de luchar contra nosotros mismos, de intentar ser alguien que no somos, y nos otorga la libertad de ser auténticos. Es a través de la aceptación que podemos comenzar a transformar lo que necesita ser transformado, desde un lugar de amor y compasión hacia nosotros mismos. Al aceptar nuestras limitaciones, aprendemos a ser pacientes con nuestro proceso, a comprender que el crecimiento es un camino largo y que cada paso cuenta, incluso aquellos que parecen pequeños o insignificantes. La aceptación nos brinda una base sólida desde la cual podemos crecer, nos enseña a abrazar nuestra humanidad con todas sus imperfecciones y a cultivar una vida más plena y consciente. Aceptar nuestras debilidades no significa rendirnos a ellas, sino reconocerlas como parte integral de nuestra experiencia humana y utilizarlas como trampolines para alcanzar una mayor sabiduría y fortaleza. El viaje interior también está profundamente vinculado al propósito. Preguntarse cuál es el propósito de nuestra existencia, qué es lo que da sentido a nuestra vida, es una cuestión esencial en el camino del autodescubrimiento. Los estoicos creían que el propósito más elevado del ser humano es vivir de acuerdo con la virtud, contribuir al bienestar de los demás y alinearse con el orden natural del cosmos. Encontrar nuestro propósito implica reflexionar sobre nuestras pasiones, nuestras habilidades y cómo podemos ponerlas al servicio de los demás. Un propósito claro nos proporciona dirección, nos motiva a levantarnos cada día con la determinación de vivir de manera plena y significativa, y nos ayuda a superar los desafíos con mayor fortaleza. En el viaje interior, descubrir nuestro propósito se convierte en la brújula que guía nuestras acciones y nos mantiene en el camino hacia la excelencia personal. Vivir con propósito nos otorga una fuerza interior inquebrantable, nos conecta con algo más grande que nosotros mismos y nos motiva a actuar con integridad, incluso en los momentos más difíciles.

Este propósito se convierte en el norte que orienta nuestras decisiones y en la fuente de inspiración que nos impulsa a continuar, incluso cuando el camino parece incierto o arduo. El viaje interior no es un trayecto que tenga un final definido. No es un destino al que llegamos para descansar, sino un proceso continuo de aprendizaje y crecimiento. Cada día y cada experiencia nos brindan la oportunidad de conocernos mejor, de profundizar en nuestra comprensión de quiénes somos y de qué es lo que realmente valoramos. Este viaje nos enseña que la verdadera libertad no reside en la ausencia de desafíos, sino en la capacidad de enfrentarlos desde un lugar de autoconocimiento y conexión con nuestros valores más profundos. Nos permite vivir con autenticidad, sin máscaras ni pretensiones, y nos libera de la necesidad de buscar la aprobación externa, pues encontramos en nosotros mismos la validación que necesitamos. Cada desafío, cada obstáculo, se convierte en una oportunidad para profundizar en nuestro viaje interior y para cultivar una relación más honesta y significativa con nosotros mismos. A medida que avanzamos en este viaje, aprendemos a ver cada dificultad como un maestro, cada error como una lección y cada momento de incertidumbre como una invitación a profundizar en nuestra resiliencia y fortaleza interior. El viaje interior es, en última instancia, un viaje hacia el amor y la compasión, tanto hacia nosotros mismos como hacia los demás. Al conocernos mejor y al entender nuestras propias luchas y limitaciones, desarrollamos una mayor empatía hacia los demás. Comprendemos que todos enfrentamos batallas internas, que todos tenemos sombras y que todos estamos en el proceso de aprender y crecer.

Esta comprensión nos permite relacionarnos con los demás desde un lugar de compasión, de reconocimiento mutuo y de apoyo. Al mismo tiempo, al cultivar el amor hacia nosotros mismos, aprendemos a valorar nuestra propia dignidad, a respetarnos y a tratarnos con la misma amabilidad con la que trataríamos a un ser querido. Este amor y compasión constituyen la base de una vida virtuosa, una vida en la que nuestras acciones están guiadas por el deseo de contribuir al bienestar propio y al de la comunidad. Al cultivar este amor hacia nosotros mismos, también nos volvemos capaces de ofrecer un amor más puro y desinteresado hacia los demás, un amor que no busca nada a cambio, sino que se manifiesta como una expresión natural de nuestra propia plenitud.

El viaje interior es el más desafiante, pero también el más gratificante de todos los viajes. Es el proceso de regresar a casa, de reconectar con nuestra verdadera esencia y de vivir desde un lugar de autenticidad y propósito. A través de la autoobservación, la reflexión, la aceptación y el cultivo del propósito, podemos transformar nuestra vida y encontrar una paz interior que no depende de las circunstancias externas. Este viaje nos enseña que todo lo que buscamos fuera de nosotros—paz, felicidad, propósito—ya reside en nuestro interior, esperando ser descubierto. Nos muestra que, al final, la verdadera maestría no está en controlar el mundo exterior, sino en conocernos y dominarnos a nosotros mismos, en ser los arquitectos de nuestra propia vida y en vivir de acuerdo con la verdad más profunda de nuestro ser. La maestría del viaje interior es un arte que se cultiva con cada respiración, con cada acto de valentía y con cada momento de introspección honesta, un arte que nos permite descubrir la infinita capacidad de transformación que reside dentro de cada uno de nosotros.

CAPÍTULO 8: TRASCENDIENDO EL EGO

El proceso de trascender el ego representa uno de los desafíos más profundos y complejos de la filosofía estoica. El ego, conceptualizado como una construcción mental que se define a partir de nuestras expectativas, logros, temores y deseos de validación externa, con frecuencia se convierte en el mayor obstáculo para alcanzar la libertad genuina y la auténtica felicidad. Para los estoicos, la trascendencia del ego es un requisito fundamental para vivir una vida verdaderamente virtuosa, una vida que no esté atrapada en la ilusión de un "yo" separado, sino que esté alineada con la naturaleza y el cosmos. Trascender el ego no implica renunciar a la individualidad, sino ir más allá de la visión limitada del yo, para conectar con algo más grande: un orden universal del cual todos somos parte integral. El ego, a menudo, se alimenta de la comparación constante y del deseo de destacarse o ser reconocido. Esta tendencia a compararnos con los demás crea un ciclo interminable de insatisfacción, ya que siempre existirá alguien que aparente ser más exitoso, más talentoso o afortunado en algún aspecto. Los estoicos nos enseñan que la verdadera medida del éxito no radica en cómo nos comparamos con los demás, sino en cómo vivimos conforme a nuestros propios principios y valores. El ego nos impulsa a buscar aprobación y reconocimiento, pero la verdadera libertad se encuentra en liberarnos de estas ataduras, encontrando satisfacción en la virtud misma, en el simple hecho de hacer lo correcto sin esperar recompensas ni alabanzas.

Trascender el ego también implica aprender a desapegarnos de la necesidad de controlar cómo nos perciben los demás, y enfocarnos en el desarrollo de nuestro carácter y en nuestra contribución al bien común. El proceso de trascender el ego comienza con la humildad. La humildad no significa menospreciarse ni negar el propio valor, sino reconocer nuestras limitaciones, nuestra falibilidad y el hecho de que somos una parte diminuta de un todo mucho más grande. La humildad nos invita a vernos como una pequeña pieza en el vasto entramado del cosmos y nos ayuda a poner en perspectiva nuestros logros y fracasos. Nos recuerda que, aunque nuestras acciones individuales son importantes, no somos el centro del universo. Esta perspectiva nos libera del peso del ego y nos permite actuar con mayor claridad y sin la carga de expectativas irreales. La humildad es, en última instancia, una manifestación de la sabiduría, ya que nos permite aceptar nuestra humanidad con todas sus imperfecciones y nos abre a la posibilidad de aprender de los demás y de las circunstancias que nos rodean. Otro aspecto esencial en el proceso de trascender el ego es el desapego. El ego se aferra a todo aquello que considera parte de su identidad: nuestras opiniones, nuestras posesiones, nuestras relaciones e incluso nuestras creencias más profundas. Sin embargo, los estoicos enseñaban que el verdadero ser no se define por ninguna de estas cosas externas. El desapego no significa indiferencia, sino la capacidad de valorar lo que tenemos sin aferrarnos a ello, de entender que todo es transitorio y que la esencia de quienes somos no se ve afectada por la pérdida o la ganancia de bienes materiales o reconocimientos. Este desapego nos permite vivir con mayor ligereza, sin el miedo constante a perder lo que poseemos o a no alcanzar lo que deseamos. Nos brinda la libertad de actuar sin estar condicionados por el temor al fracaso o por el deseo de éxito, y nos permite apreciar cada momento tal como es, sin el filtro del ego que siempre busca más.

La práctica de la empatía y la compasión también desempeña un papel crucial en la trascendencia del ego. El ego, en su afán por protegerse y validarse, tiende a ver a los demás como competidores o amenazas. Sin embargo, los estoicos nos recuerdan que todos somos parte de la misma humanidad y compartimos una conexión profunda. Practicar la empatía implica ponernos en el lugar de los demás, entender sus luchas y sus perspectivas, y reconocer que sus miedos y anhelos no son tan diferentes de los nuestros. La compasión nos ayuda a ver más allá del ego, a comprender que nuestra felicidad no está separada de la felicidad de los demás y que al contribuir al bienestar común también encontramos nuestra propia plenitud. Trascender el ego, entonces, es también trascender la ilusión de separación y reconocer nuestra unidad con los demás seres humanos y con el universo. El ego se manifiesta también a través del miedo al fracaso y el deseo de éxito. Nos impulsa a buscar resultados que nos hagan sentir valiosos y a evitar cualquier situación que pueda exponer nuestras debilidades. Para los estoicos, sin embargo, el valor de una persona no se mide por sus éxitos o fracasos externos, sino por su disposición a actuar con virtud sin importar el resultado. Trascender el ego implica aceptar el fracaso como parte natural del proceso de crecimiento, comprender que no define nuestra valía y que cada error es una oportunidad de aprendizaje. El verdadero éxito no es el que el ego persigue—el reconocimiento externo o la acumulación de logros—sino la capacidad de vivir conforme a nuestros valores más elevados, de ser justos, sabios y valientes en cada circunstancia, independientemente del resultado. Una herramienta poderosa para trascender el ego es la práctica del "memento mori", el recuerdo constante de nuestra mortalidad. El ego tiende a creer que tenemos tiempo ilimitado y que nuestras preocupaciones y ambiciones son de una importancia trascendental. Recordar nuestra mortalidad nos ayuda a poner en perspectiva nuestras preocupaciones, a comprender que nuestras vidas son breves y que perder el tiempo en la búsqueda de validación o en el temor al juicio ajeno es un desperdicio de una existencia valiosa. "Memento mori" nos invita a vivir cada momento con autenticidad, a actuar conforme a nuestros valores más profundos y a dejar de lado el ego que se aferra a la ilusión de permanencia.

Nos recuerda que, al final, lo único que realmente importa es cómo hemos vivido, si hemos actuado con integridad y si hemos sido fieles a nosotros mismos. El acto de trascender el ego no es un proceso lineal ni sencillo. Requiere una vigilancia constante sobre nuestros pensamientos y motivaciones, una disposición a cuestionarnos y a desafiar nuestras propias inclinaciones egocéntricas. Es un proceso que implica desaprender patrones profundamente arraigados, dejar ir el deseo de ser "más" o "mejor" que los demás, y encontrar satisfacción en ser simplemente quienes somos, en conexión con el flujo natural de la vida. Implica reconocer que nuestras acciones, aunque pequeñas, tienen un impacto en el todo, y que la verdadera grandeza reside no en destacar, sino en contribuir al bienestar común de manera auténtica y desinteresada. La trascendencia del ego también está vinculada a la capacidad de vivir en armonía con la naturaleza. Los estoicos creían que todos formamos parte de un orden universal, de una razón cósmica que rige el funcionamiento del mundo. El ego, con su tendencia a poner el yo en el centro, nos desvía de esa comprensión profunda de nuestra conexión con el cosmos. Trascender el ego es alinearnos con ese orden natural, entender que nuestras vidas tienen un propósito más allá de la búsqueda de placer o reconocimiento, y que la verdadera satisfacción proviene de vivir en armonía con el universo y de cumplir con nuestro rol dentro de él. Esta alineación con la naturaleza nos otorga un sentido de pertenencia y propósito que el ego, con sus deseos egocéntricos, nunca puede proporcionar. Al trascender el ego, también aprendemos a valorar el presente. El ego tiende a proyectarse en el futuro o a aferrarse al pasado, buscando constantemente algo que lo valide o lo haga sentir seguro. Sin embargo, la verdadera vida se encuentra en el presente, en la capacidad de experimentar cada momento plenamente, sin las distorsiones del deseo o el miedo.

Vivir en el presente implica soltar las expectativas del ego y aceptar la vida tal como es, con sus altibajos, sus incertidumbres y sus maravillas. Nos permite disfrutar de la belleza del momento presente, de las relaciones que cultivamos, de los pequeños placeres y de los desafíos que nos invitan a crecer. Trascender el ego nos da la libertad de vivir de manera auténtica, sin la constante presión de ser algo diferente o de demostrar algo a los demás. En última instancia, trascender el ego es un proceso de liberación. Es la liberación de las cadenas que nos atan a la comparación, al miedo al juicio, al deseo de reconocimiento y a la ilusión de control. Es un retorno a nuestra verdadera naturaleza, una naturaleza que no está limitada por las construcciones del ego, sino que es expansiva, conectada y plena. Al trascender el ego, descubrimos que la verdadera fuente de satisfacción no se encuentra en la acumulación de logros o en la validación externa, sino en la capacidad de vivir en armonía con nosotros mismos, con los demás y con el universo. Descubrimos que la verdadera grandeza no reside en ser superiores a los demás, sino en ser auténticos, en contribuir al bienestar común y en vivir con un propósito que trascienda el pequeño yo. El viaje de trascender el ego es un viaje hacia la verdadera libertad, una libertad que no depende de las circunstancias externas ni de cómo nos perciben los demás, sino de nuestra capacidad de vivir de acuerdo con nuestra esencia más profunda. Es un viaje que nos invita a soltar las ilusiones del ego y a abrazar la realidad de nuestra conexión con el todo. Al trascender el ego, nos convertimos en agentes de cambio, no porque busquemos reconocimiento, sino porque entendemos que nuestras acciones tienen el poder de influir en el mundo de manera positiva. Nos liberamos del sufrimiento que surge de la comparación y el deseo, y encontramos paz en el simple hecho de ser, de existir en armonía con el cosmos y de vivir una vida guiada por la virtud. Trascender el ego no significa renunciar a nuestra individualidad, sino trascender la ilusión de que estamos separados de los demás y del mundo. Es reconocer que nuestra verdadera identidad no se encuentra en el pequeño yo que busca validación, sino en la totalidad de la existencia.

Es un proceso de expansión de la conciencia, un despertar a la realidad de nuestra interconexión con todos los seres y con el universo. En este proceso, descubrimos que la verdadera libertad, la verdadera paz y felicidad no se encuentran en satisfacer los deseos del ego, sino en vivir de acuerdo con nuestra naturaleza más elevada, en contribuir al bien común y en ser parte consciente del vasto entramado de la vida. Al trascender el ego, nos liberamos de las barreras que nos separan de los demás, encontramos un propósito más grande que nosotros mismos y aprendemos a vivir con humildad, compasión y gratitud. Este proceso nos lleva a una vida más auténtica, más plena y conectada, una vida en la que el verdadero sentido no se encuentra en lo que tenemos o en cómo nos ven los demás, sino en cómo vivimos, en cómo amamos y en cómo contribuimos al mundo. Trascender el ego es, en última instancia, un retorno a nuestra esencia, una invitación a vivir con una libertad que solo es posible cuando dejamos atrás las ilusiones del yo separado y abrazamos la totalidad de nuestra existencia.

CAPÍTULO 9: LECCIONES DE LOS SABIOS

Las enseñanzas de los sabios estoicos nos ofrecen una cartografía profunda para la vida virtuosa, una guía cuya relevancia ha perdurado a lo largo de los siglos debido a la lucidez y la sabiduría que contienen. En este capítulo, analizaremos las lecciones impartidas por tres de los más grandes exponentes del estoicismo: Epicteto, Séneca y Marco Aurelio. Cada uno de estos filósofos, a través de sus escritos y enseñanzas, proporciona una perspectiva única sobre cómo vivir con integridad, cómo enfrentar la adversidad y cómo hallar paz y propósito en medio de la incertidumbre existencial que caracteriza la condición humana. Estos sabios no solo ofrecieron teorías filosóficas, sino que encarnaron con sus vidas los principios que predicaban, convirtiéndose en modelos de resiliencia, valentía y sabiduría en circunstancias extremadamente diversas. Las lecciones que nos dejaron son faros de orientación en nuestro viaje hacia la automaestría y el verdadero equilibrio. Epicteto, quien nació esclavo y luego se convirtió en un influyente maestro de filosofía, nos recuerda que la verdadera libertad no depende de las circunstancias externas, sino de nuestra actitud hacia ellas. En su enseñanza, Epicteto enfatiza la importancia de distinguir entre lo que está bajo nuestro control y lo que no lo está. Esta distinción es un principio fundamental del pensamiento estoico y la clave para alcanzar la paz interior. Según Epicteto, únicamente nuestros pensamientos, deseos y acciones están realmente bajo nuestro control; todo lo demás—riqueza, salud, reconocimiento social, incluso la libertad física—está fuera de nuestro dominio.

Al comprender y aceptar esta distinción, nos liberamos del sufrimiento que surge del intento vano de controlar lo incontrolable, y en cambio dirigimos nuestra energía hacia la mejora de nuestra virtud y nuestro carácter. Para Epicteto, la verdadera serenidad surge cuando dejamos de preocuparnos por los factores externos y dirigimos toda nuestra atención hacia aquello que realmente depende de nosotros: nuestra actitud, nuestras elecciones y nuestra conducta ética. Epicteto también subraya el poder de la autodisciplina. Para él, la filosofía no es una mera actividad intelectual, sino un arte de vivir que requiere una práctica constante y un compromiso firme con el perfeccionamiento personal. Epicteto nos desafía a asumir la responsabilidad de nuestras propias vidas, a no sucumbir a la autocompasión ni a la búsqueda de excusas. En lugar de buscar culpables externos para nuestras dificultades, debemos mirar hacia adentro y reconocer nuestra capacidad de elegir cómo respondemos a cada situación. Esta es la verdadera libertad que Epicteto promueve: una libertad interior que no depende de nada ni de nadie más que de nuestra propia voluntad y de nuestra disposición para vivir conforme a la virtud. En este sentido, la autodisciplina se convierte en el cimiento sobre el cual se edifica la vida filosófica; es un recordatorio constante de que cada día es una oportunidad para practicar la virtud y para profundizar en nuestro compromiso con el crecimiento personal. Epicteto nos recuerda que cada desafío cotidiano, por más pequeño que parezca, es una oportunidad para afianzar nuestra integridad y fortalecer el temple de nuestra alma. La autodisciplina es el puente que nos conduce de la teoría a la práctica, del entendimiento intelectual al vivir filosófico. Séneca, por su parte, nos ofrece una visión profundamente humana del estoicismo. Como filósofo, estadista y hombre inmerso en los asuntos del mundo, Séneca estaba íntimamente familiarizado con las pruebas y tribulaciones de la vida cotidiana.

A través de sus cartas y ensayos, comparte sus reflexiones sobre cómo enfrentar la adversidad, cómo manejar el dolor y cómo encontrar serenidad en medio de las dificultades. Una de las enseñanzas más poderosas de Séneca es la importancia de aceptar la inevitabilidad de la muerte. "Memento mori"—recordar que moriremos—es una idea recurrente en sus escritos, no como una fuente de tristeza, sino como un llamado a vivir cada momento con plenitud y propósito. Séneca insiste en que el recuerdo de nuestra mortalidad nos impulsa a valorar cada instante y a no postergar la búsqueda de la virtud, porque solo en la conciencia de nuestra finitud encontramos el coraje para vivir plenamente. Este recordatorio no es una invitación al fatalismo, sino una llamada urgente a vivir con significado, a aprovechar cada momento como un regalo precioso que no debe ser desperdiciado en trivialidades. Séneca también nos insta a practicar la gratitud y a valorar lo que tenemos en el presente. En un mundo que constantemente nos empuja a buscar más, a desear lo que no poseemos, Séneca nos recuerda que la verdadera riqueza reside en ser capaces de apreciar y disfrutar lo que ya tenemos. La gratitud nos libera del constante anhelo de más, nos permite reconocer la abundancia en lo simple y nos ayuda a vivir en paz con nosotros mismos y con los demás. Para Séneca, la vida virtuosa no es una vida de privaciones, sino una existencia en la que encontramos satisfacción en la virtud misma y en la conexión auténtica con el mundo que nos rodea. La capacidad de apreciar lo presente es una manifestación del dominio sobre el ego, que siempre ansía algo más. Séneca nos enseña que el secreto de la felicidad no se encuentra en acumular más bienes o alcanzar más metas, sino en ser capaces de vivir con contento y gratitud por lo que ya poseemos. Este enfoque sobre la gratitud nos permite ver la vida desde una perspectiva de suficiencia y satisfacción, cultivando una profunda paz interior que no depende de las circunstancias cambiantes del mundo exterior. Marco Aurelio, el emperador-filósofo, nos ofrece una perspectiva única sobre la práctica del estoicismo en medio del poder y la responsabilidad.

A través de sus "Meditaciones", Marco Aurelio nos permite acceder a sus pensamientos más íntimos, a sus luchas personales y a su esfuerzo constante por vivir de acuerdo con los principios estoicos. Una de las lecciones más profundas que Marco Aurelio nos enseña es la importancia de aceptar el orden natural del universo. Como emperador, estaba en una posición de gran poder, pero también de enorme responsabilidad y presión. En lugar de resistirse a las circunstancias o desear que fueran diferentes, Marco Aurelio practicaba el "amor fati"—el amor al destino—aceptando cada evento como una parte necesaria del gran orden cósmico. Esta aceptación del destino no implica una resignación pasiva, sino una disposición activa a encontrar el sentido en cada experiencia y a vivir en armonía con las leyes del universo. Marco Aurelio nos invita a ver cada acontecimiento, ya sea favorable o adverso, como una oportunidad para ejercer nuestras virtudes y para crecer en sabiduría y fortaleza de espíritu. Marco Aurelio también nos enseña la importancia de la compasión y de vernos a nosotros mismos como parte de una comunidad humana mayor. Aunque era el hombre más poderoso de su tiempo, no se consideraba superior a los demás. Reconocía que todos compartimos la misma naturaleza y que nuestras luchas y deseos son similares. Esta visión lo llevó a tratar a los demás con respeto y empatía, y a ver su papel de liderazgo como un servicio a la comunidad. La compasión, para Marco Aurelio, no era una señal de debilidad, sino una expresión de la verdadera fortaleza del alma. Nos recuerda que, al vivir en armonía con los demás y al contribuir al bien común, encontramos nuestra mayor satisfacción y propósito. Su visión del poder no se centra en la dominación, sino en el servicio desinteresado a la humanidad. La práctica de la compasión para Marco Aurelio era también un ejercicio de humildad, una manera de recordar que el poder solo tiene sentido cuando se ejerce en beneficio de los demás. Esta perspectiva de la compasión y el poder como servicio nos desafía a reconsiderar nuestras propias ambiciones y a alinear nuestras acciones con un propósito más amplio y trascendental. Las enseñanzas de estos tres sabios nos ofrecen un enfoque integral sobre cómo vivir una vida virtuosa y plena.

De Epicteto aprendemos la importancia de la autodisciplina y del control sobre nuestras percepciones; de Séneca, la práctica de la gratitud y la aceptación de la muerte como parte natural de la existencia; y de Marco Aurelio, la compasión y la aceptación del destino. Juntos, estos principios nos brindan las herramientas para enfrentar los desafíos de la vida con serenidad, para cultivar nuestro carácter y para vivir en armonía con nosotros mismos y con el mundo. Nos muestran que la virtud es la brújula que nos orienta, y que la libertad interior es el resultado del compromiso con nuestra propia mejora. Nos enseñan que la vida virtuosa implica un esfuerzo constante por mejorar, un trabajo incesante sobre uno mismo que nos conduce hacia una mayor claridad y una conexión más profunda con el mundo. La virtud, en este sentido, se convierte en el eje alrededor del cual gira toda nuestra existencia, el principio rector que da coherencia y propósito a cada uno de nuestros actos. La filosofía estoica no nos promete una vida sin dificultades; al contrario, nos enseña a abrazar los desafíos como oportunidades para crecer y fortalecer nuestro espíritu.

Epicteto, Séneca y Marco Aurelio nos muestran, cada uno a su manera, que la verdadera grandeza no reside en el poder o en los logros externos, sino en la capacidad de mantenernos fieles a nuestros valores y de actuar con virtud, independientemente de las circunstancias. Sus lecciones nos invitan a mirar hacia adentro, a trabajar en nuestra propia transformación y a vivir de una manera que refleje nuestros principios más elevados. La grandeza estoica no se mide por el éxito externo, sino por la coherencia interna y la capacidad de actuar de acuerdo con la razón y la virtud, incluso frente a la adversidad.

Es en este compromiso constante con la virtud donde encontramos nuestra verdadera fuerza y donde se revela la verdadera libertad del espíritu. Esta libertad interna no depende de las circunstancias cambiantes del mundo externo, sino de nuestra capacidad de elegir nuestra respuesta y de actuar con integridad. Al reflexionar sobre las enseñanzas de estos sabios, comprendemos que el estoicismo no es solo un conjunto de conceptos abstractos, sino un camino práctico hacia la libertad interior y la paz. Nos enseñan que, aunque no podemos controlar lo que sucede a nuestro alrededor, siempre podemos controlar nuestra respuesta.

Esa es la esencia de la libertad estoica: la capacidad de elegir nuestras respuestas, de vivir con integridad y de encontrar significado y propósito en cada momento de nuestra existencia. En la práctica de la filosofía estoica, descubrimos que la verdadera fuerza no reside en evitar las dificultades, sino en enfrentarlas con valentía y en permanecer inquebrantables en nuestra búsqueda de la virtud. En este sentido, la filosofía estoica se convierte en un faro que ilumina nuestro camino, guiándonos hacia una vida de autenticidad y propósito. Nos invita a confrontar nuestras debilidades, a reconocer nuestras imperfecciones y a trabajar incansablemente en nuestra transformación personal. El legado de Epicteto, Séneca y Marco Aurelio trasciende el tiempo y el espacio, y sigue siendo profundamente relevante para nuestra época. En un mundo lleno de incertidumbre, cambios rápidos y desafíos constantes, sus enseñanzas nos ofrecen un ancla, una manera de encontrar estabilidad y claridad en medio del caos. Nos invitan a vivir con valentía, a aceptar lo inevitable, a cultivar la virtud y a recordar siempre que la verdadera paz y felicidad no se encuentran en las circunstancias externas, sino en la calidad de nuestras decisiones y en la firmeza de nuestro carácter. En un entorno donde la presión social y las expectativas externas nos distraen constantemente, el estoicismo nos orienta hacia una vida basada en lo esencial, en lo que verdaderamente tiene valor.

Es un llamado a desconectarnos de la superficialidad y a enfocarnos en lo que realmente nos define como seres humanos: nuestro carácter, nuestras acciones y nuestra capacidad de amar y servir. Esta orientación hacia lo esencial es, en sí misma, una forma de resistencia frente a las distracciones y superficialidades que dominan gran parte del mundo moderno. Así, las lecciones de los sabios estoicos nos guían en nuestro propio viaje hacia la automaestría. Nos invitan a dejar atrás las ilusiones del ego, a vivir con propósito y a reconocer que nuestra verdadera fortaleza se encuentra en nuestra capacidad de responder con virtud a cualquier circunstancia. En la práctica de sus enseñanzas, encontramos no solo una filosofía de vida, sino un camino hacia la auténtica libertad y una existencia llena de significado.

Nos enseñan que la verdadera maestría no se encuentra en el dominio de los demás ni en la acumulación de bienes materiales, sino en la capacidad de vivir en consonancia con nuestra naturaleza racional, de servir a la comunidad y de hallar paz en la aceptación del orden cósmico. Trascender el ego, abrazar la virtud y reconocer nuestra conexión con el todo son, en definitiva, los pilares de una vida verdaderamente significativa y libre. En este proceso, cada día se convierte en una oportunidad de cultivar la virtud, de contribuir al bien común y de vivir una existencia que esté en armonía con el vasto orden del cosmos, un viaje continuo hacia una mayor sabiduría y una libertad interior inquebrantable.

La vida filosófica, en última instancia, es un proyecto de autotrascendencia que nos permite encontrar un propósito más allá de las contingencias del mundo y vivir con una autenticidad que ilumina cada rincón de nuestra existencia.

CAPÍTULO 10: LA VICTORIA SOBRE UNO MISMO

La victoria más significativa que puede alcanzar un ser humano es la victoria sobre sí mismo. Esta conquista, la más íntima y desafiante de todas, constituye el núcleo de la filosofía estoica y es la verdadera meta de aquellos que buscan la libertad interior. La lucha no se libra contra enemigos externos, sino contra las fuerzas internas que nos desvían de la virtud: el miedo, la ira, el deseo descontrolado, el ego y la autocomplacencia. La esencia de la automaestría radica en esta constante confrontación interna, una batalla silenciosa que define el carácter y la calidad de nuestra existencia. En este capítulo, exploraremos cómo el estoicismo nos enseña a vencer estas fuerzas y a alcanzar un dominio sobre nosotros mismos que nos permita vivir con serenidad, integridad y propósito. La victoria sobre uno mismo comienza con el autoconocimiento. Los estoicos comprendían que, para dominar nuestras emociones y pasiones, primero debíamos comprenderlas en toda su complejidad. Marco Aurelio, en sus "Meditaciones", reflexiona constantemente sobre la importancia de la autoobservación. La introspección nos permite discernir con claridad los patrones de pensamiento que nos conducen al sufrimiento y a la pérdida de control. No se trata de negar nuestras emociones, sino de entender su origen, su naturaleza y su impacto sobre nuestras acciones. Al desarrollar un entendimiento profundo de nosotros mismos, adquirimos la capacidad de ver nuestras debilidades y sombras sin distorsiones, lo cual nos otorga el poder de transformarlas.

El autoconocimiento, en este sentido, es el cimiento de la libertad interior, pues solo al vernos con honestidad podemos empezar a actuar con autenticidad. La autodisciplina es otro pilar esencial en el camino hacia la victoria sobre uno mismo. Epicteto enfatiza que la verdadera libertad no se consigue a través de la indulgencia, sino mediante el control consciente de nuestros impulsos. La autodisciplina implica una vigilancia constante sobre nuestros pensamientos y acciones, una disposición a actuar conforme a la razón y no a los caprichos momentáneos. Esta disciplina no es una mera represión, sino un acto consciente de alineación con nuestros valores y principios más altos. Es la resistencia consciente contra los deseos que nos alejan del propósito de nuestra existencia. Para los estoicos, la autodisciplina no representa una restricción que limita nuestra libertad, sino una forma de ejercer un auténtico poder sobre nuestra vida, un poder que reside en la capacidad de decidir cómo queremos actuar. Al aprender a decir "no" a aquello que nos aparta de nuestros objetivos y de la virtud, reafirmamos nuestro compromiso con una vida auténtica y significativa. La autodisciplina no es simplemente una barrera que nos impide sucumbir a los impulsos; es un medio para forjar nuestro carácter, una herramienta para construir la vida que aspiramos a vivir y para acercarnos cada vez más a la mejor versión de nosotros mismos. La paciencia y la resiliencia también son virtudes fundamentales en el proceso de vencer las batallas internas. La vida está llena de obstáculos y dificultades, y nuestra capacidad para superarlos depende, en gran medida, de nuestra actitud hacia ellos. Séneca nos enseña que el sufrimiento es inevitable, pero que nuestra reacción ante él define la verdadera fortaleza del carácter. La resiliencia estoica no se manifiesta como una resistencia rígida que se quiebra ante la presión, sino como una flexibilidad dinámica que nos permite adaptarnos sin perder de vista nuestros principios.

Es la capacidad de soportar adversidades con dignidad, de aprender de cada experiencia dolorosa y de convertir los desafíos en oportunidades de crecimiento personal. La paciencia, por su parte, nos enseña a aceptar los tiempos de cada proceso, a no desesperarnos ni apresurarnos, sino a confiar en que cada paso dado, por pequeño que parezca, contribuye a nuestra mejor versión. Esta capacidad de esperar con serenidad es una expresión del dominio sobre uno mismo, una prueba de que no permitimos que la ansiedad o la impaciencia determinen nuestras decisiones. La paciencia nos enseña también a aceptar los inevitables retrocesos y frustraciones que enfrentamos en el camino del crecimiento personal, y a no perder de vista el horizonte hacia el que nos dirigimos, sin importar cuán lejano pueda parecer. Otro aspecto crucial de la victoria sobre uno mismo es el desapego. El apego a los resultados, a las opiniones de los demás, a las posesiones materiales e incluso a nuestras propias expectativas, es una fuente constante de sufrimiento. Los estoicos nos invitan a practicar el desapego como una forma de liberarnos de las ataduras que nos impiden vivir plenamente. Epicteto nos recuerda que no podemos controlar lo que sucede fuera de nosotros, pero sí podemos controlar cómo respondemos a esos eventos. Al desapegarnos de los resultados y enfocar nuestras energías en nuestras acciones y en la calidad de estas, encontramos una forma de libertad que nos permite actuar con serenidad, independientemente de las circunstancias externas. El desapego no significa indiferencia, sino una profunda aceptación de la naturaleza transitoria de todas las cosas. Implica reconocer que nuestra valía no está definida por lo que poseemos o logramos, sino por nuestra capacidad de actuar con virtud y de vivir conforme a nuestros principios. Esta perspectiva nos libera de la ansiedad y nos permite vivir cada momento con un sentido profundo de propósito y paz interior. Practicar el desapego nos permite también enfrentar los desafíos de la vida con mayor ecuanimidad, entendiendo que el verdadero valor reside no en los resultados, sino en la calidad de nuestro esfuerzo y en nuestra coherencia con nuestros ideales más elevados.

La práctica del "memento mori", el constante recuerdo de nuestra mortalidad, también desempeña un papel fundamental en la conquista de uno mismo. Recordar que nuestra existencia es finita nos ayuda a poner en perspectiva nuestras preocupaciones y a centrarnos en lo que realmente importa. Marco Aurelio nos insta a vivir cada día como si fuera el último, no en el sentido de buscar placeres efímeros, sino de actuar con plena conciencia de lo valioso que es cada instante. El "memento mori" nos libera del miedo a la muerte y nos impulsa a vivir con autenticidad, a no postergar nuestras aspiraciones más profundas y a dedicarnos plenamente a la práctica de la virtud. Al aceptar nuestra mortalidad, aprendemos a valorar la vida y a vivirla con propósito, sin permitir que el temor nos paralice o nos aparte de nuestro camino. Esta conciencia constante de la muerte nos enseña a vivir con intensidad y a dar lo mejor de nosotros mismos en cada momento, entendiendo que el tiempo es un recurso limitado y precioso. "Memento mori" nos invita a adoptar una perspectiva más amplia sobre la existencia, a trascender las preocupaciones triviales y a enfocarnos en lo que realmente tiene valor, tanto para nosotros como para el bien común. La humildad es otra virtud esencial en la victoria sobre uno mismo. El ego, con sus constantes demandas de reconocimiento y validación, constituye uno de los mayores obstáculos para la libertad interior. Los estoicos nos enseñan que la verdadera grandeza no radica en ser superiores a los demás, sino en ser útiles, en contribuir al bienestar común y en vivir en armonía con el orden natural. Marco Aurelio, a pesar de ser emperador, se veía a sí mismo como un servidor de la humanidad, recordándose constantemente que el poder y la fama son efímeros y que lo único que realmente perdura es la virtud. La humildad nos permite vernos tal cual somos, sin exagerar nuestros logros ni negar nuestras debilidades. Nos libera de la necesidad de compararnos con los demás y nos permite concentrarnos en nuestro propio crecimiento, en el cultivo de una vida auténtica y significativa.

La humildad es, en última instancia, una expresión de sabiduría: es el reconocimiento de nuestra falibilidad y la disposición a aprender y mejorar continuamente. Esta virtud también nos enseña a aceptar las críticas y a valorar las opiniones ajenas sin que estas se conviertan en una fuente de inseguridad o de orgullo. La humildad nos permite aprender de los demás y reconocer que todos tenemos algo que aportar, que nuestra visión es limitada y que siempre hay espacio para el crecimiento. La compasión, tanto hacia nosotros mismos como hacia los demás, es fundamental en el proceso de automaestría. Vencer nuestras propias sombras no significa ser implacables o críticos en exceso con nosotros mismos, sino aprender a tratarnos con amabilidad y comprensión. Los estoicos nos enseñan que todos los seres humanos enfrentamos luchas internas, y que el camino hacia la virtud está lleno de tropiezos. La compasión nos permite aceptar nuestras imperfecciones sin resignarnos a ellas, nos impulsa a seguir adelante con paciencia y a entender que el crecimiento personal es un proceso continuo. Al mismo tiempo, la compasión hacia los demás nos ayuda a reconocer nuestra humanidad compartida, a ver en las luchas ajenas un reflejo de las nuestras y a actuar con empatía y solidaridad. La victoria sobre uno mismo no es una conquista solitaria, sino una invitación a conectar con los demás desde un lugar de autenticidad, empatía y comprensión. Este sentido de conexión nos recuerda que nuestro viaje hacia la automaestría está intrínsecamente vinculado con el bienestar de aquellos que nos rodean. La compasión nos permite, además, actuar con una ética más elevada, donde nuestras acciones no se limitan al beneficio personal, sino que buscan también contribuir al bien común y al desarrollo de una comunidad más justa y solidaria. La práctica diaria es la esencia de la victoria sobre uno mismo. Los estoicos nos recuerdan que la filosofía no es algo que se aprende exclusivamente en los libros, sino algo que se vive, que se encarna en cada acción y pensamiento. Cada día es una oportunidad para poner en práctica los principios estoicos, para enfrentar nuestras debilidades y para cultivar nuestras virtudes. La reflexión diaria, la meditación sobre nuestras acciones y la evaluación constante de nuestro progreso son herramientas fundamentales en este proceso.

Marco Aurelio, en sus "Meditaciones", nos muestra cómo la autoevaluación constante es una forma de mantenernos en el camino de la virtud, de corregir nuestras fallas y de reafirmar nuestro compromiso con la mejora personal. La práctica diaria nos ayuda a mantenernos enfocados en lo que realmente importa y a construir, paso a paso, la vida que deseamos vivir. Esta práctica no es una mera rutina, sino un ritual de renovación que nos permite crecer y evolucionar constantemente. Cada día representa una nueva oportunidad de redimir nuestros errores, de fortalecer nuestras virtudes y de alinearnos más estrechamente con los valores que aspiramos encarnar. La práctica diaria es, por tanto, el fundamento sobre el cual edificamos nuestro carácter, un proceso que requiere compromiso, disciplina y un profundo amor por la verdad. La victoria sobre uno mismo no es un estado que se alcance de una vez y para siempre, sino un proceso continuo de transformación. Es una lucha diaria contra nuestras propias limitaciones, una batalla constante por mantenernos fieles a nuestros valores y por actuar con virtud en cada circunstancia. Los estoicos nos enseñan que esta lucha es, en sí misma, el propósito de la vida. No se trata de eliminar por completo nuestras emociones o deseos, sino de aprender a guiarlos, de convertirnos en maestros de nuestro propio espíritu y de vivir en armonía con nuestra naturaleza más elevada. La verdadera victoria no se encuentra en la ausencia de conflicto, sino en la capacidad de enfrentarlo con valentía, sabiduría y compasión. Es un proceso en el que cada obstáculo se convierte en una oportunidad para reafirmar nuestra voluntad y fortalecer nuestro carácter, en el que cada tropiezo se transforma en una lección que nos acerca a la plenitud. La automaestría es, entonces, un compromiso con la excelencia personal, un esfuerzo constante por vivir conforme a los ideales más elevados y por ser la mejor versión posible de nosotros mismos.

En última instancia, la victoria sobre uno mismo es la clave para una vida plena y significativa. Es el camino hacia la libertad interior, hacia una existencia que no está condicionada por los vaivenes del mundo externo, sino que se sustenta en la solidez de nuestro carácter y en la profundidad de nuestros principios. Al vencer nuestras propias sombras, al cultivar nuestras virtudes y al vivir con autenticidad, encontramos una paz que no depende de las circunstancias y una alegría que surge de la simple satisfacción de ser quienes realmente somos. La filosofía estoica nos invita a emprender este viaje de automaestría, a luchar cada día por nuestra propia transformación y a descubrir, en el proceso, la verdadera esencia de nuestra humanidad. Es en la victoria sobre nosotros mismos donde encontramos la libertad más auténtica y la felicidad más profunda, aquella que nace del equilibrio entre la razón, la virtud y el amor por la vida. Este viaje, aunque lleno de desafíos, es el único camino hacia una vida que merezca ser vivida, una existencia en la que la libertad interior se convierte en la base de una dicha inquebrantable y genuina. Esta libertad no es un fin en sí mismo, sino una plataforma desde la cual podemos contribuir al mundo, una condición que nos permite actuar con sabiduría y amor hacia todo lo que nos rodea, transformando no solo nuestra vida, sino también la realidad de aquellos con quienes compartimos este viaje.

CAPÍTULO 11: MEDITACIONES

El viaje hacia la automaestría es una senda solitaria y, a la vez, profundamente compartida. Es una batalla silenciosa que cada uno de nosotros enfrenta en la profundidad de su ser, una batalla que nos llama a superar nuestras limitaciones internas y a transformar nuestras debilidades en fortalezas. La vida se despliega ante nosotros como un campo donde el verdadero enemigo no está fuera, sino dentro. Cada pensamiento, cada emoción, cada impulso es una oportunidad para practicar la virtud, para crecer en la dirección de nuestra mejor versión, para, como dirían los sabios estoicos, encontrar la verdadera libertad. ¿Qué es la libertad sino el dominio sobre uno mismo? No se trata de hacer lo que queramos, sino de actuar en consonancia con nuestra naturaleza más elevada. La libertad es la ausencia de esclavitud frente a nuestras pasiones descontroladas, es la capacidad de mantener la serenidad cuando el caos nos rodea. Ser libres es actuar con virtud, no porque nos lo impongan, sino porque reconocemos que este es el único camino hacia una existencia plena y auténtica. Ser libres es convertirnos en los dueños de nuestros deseos, de nuestras emociones y de nuestras acciones, en lugar de ser meros espectadores de nuestra propia vida. El autoconocimiento es el primer paso hacia esa libertad. Es en el espejo del alma donde encontramos el reflejo de lo que somos y lo que podemos llegar a ser. No hay lugar para el autoengaño en este camino.

La verdad debe ser nuestro estandarte, incluso cuando duele, porque es solo a través de la confrontación con nuestras propias sombras que podemos encontrar la luz que yace en nuestro interior. La introspección, la observación constante de nuestros pensamientos y emociones, nos permite distinguir entre aquello que nos eleva y aquello que nos mantiene en la oscuridad. Al conocernos a nosotros mismos, adquirimos la llave para transformar nuestras debilidades en nuestras más grandes fortalezas. La autodisciplina es la herramienta que forja nuestro carácter. Cada día es una oportunidad para elegir la virtud sobre la indulgencia, para decidirnos por lo que es correcto en lugar de lo que es fácil. La autodisciplina nos permite resistir los impulsos que nos apartan de nuestro propósito, nos enseña a decir "no" cuando es necesario y a actuar siempre en alineación con nuestros valores. Esta práctica constante de autodisciplina es la que nos convierte en maestros de nuestro propio espíritu, y es el cimiento sobre el cual edificamos una vida significativa. En cada pequeño acto de autocontrol se manifiesta la grandeza del ser humano, una grandeza que no se mide en términos de logros externos, sino de la capacidad de ser fieles a nuestros principios incluso en los momentos más difíciles. El verdadero poder de la paciencia y la resiliencia reside en nuestra capacidad de mantenernos firmes frente a la adversidad. La vida nos pone a prueba constantemente, y es en esas pruebas donde descubrimos quiénes somos realmente. La resiliencia estoica no implica resistir como una roca que enfrenta las olas, sino adaptarse con flexibilidad, como el junco que se dobla, pero no se quiebra. Ser resilientes es encontrar la calma en medio de la tormenta, es aprender de cada experiencia, es no rendirse nunca. La paciencia nos enseña que todo proceso tiene su tiempo, que el crecimiento es lento y que cada paso cuenta, incluso cuando los resultados no son inmediatos. La verdadera fortaleza no se encuentra en la resistencia rígida, sino en la capacidad de persistir, de volver a levantarse después de cada caída, de confiar en que el camino hacia la virtud está hecho de pequeños avances, de momentos de duda superados con coraje. El desapego nos permite liberarnos de las cadenas de la expectativa y del resultado.

No podemos controlar lo que sucede fuera de nosotros, solo nuestras respuestas. Practicar el desapego nos enseña a concentrarnos en nuestras acciones, en la calidad de nuestras decisiones, sin obsesionarnos con el reconocimiento o los resultados. Todo es transitorio: el éxito, el fracaso, el dolor y el placer. La naturaleza transitoria de las cosas no es motivo de desesperanza, sino una invitación a vivir cada momento con plena conciencia, a valorar lo que tenemos mientras lo tenemos, y a soltar sin sufrimiento cuando sea necesario. El desapego no es indiferencia, es la expresión más pura de libertad, la libertad de actuar con virtud sin que nuestra paz dependa de los resultados. Recordar nuestra mortalidad, el "memento mori", es el antídoto contra la complacencia. Cada día es un regalo, cada respiración es una oportunidad de vivir con propósito. Recordar que somos mortales no es un pensamiento oscuro, sino un llamado a vivir plenamente, a no dejar nada importante sin hacer, a no permitir que el miedo o la pereza nos impidan ser quienes queremos ser. "Memento mori" nos invita a actuar con urgencia, a dedicar nuestro tiempo a lo que realmente importa, a las personas que amamos, a los sueños que nos inspiran, a los valores que nos definen. La muerte, lejos de ser el final, es el horizonte que da sentido a nuestra existencia, es la razón por la que cada momento tiene un valor inestimable, es lo que nos impulsa a vivir con coraje y autenticidad. La humildad es el reconocimiento de nuestra falibilidad, de nuestras limitaciones, y, al mismo tiempo, de nuestra capacidad infinita de aprender y mejorar. No somos perfectos, y nunca lo seremos, pero podemos ser mejores cada día. La humildad nos permite aprender de nuestros errores, aceptar las críticas y ver en los demás a nuestros iguales, a compañeros de viaje en esta experiencia humana. Marco Aurelio, el emperador que no se creyó superior a sus súbditos, nos enseña que el poder real no se ejerce desde la arrogancia, sino desde el servicio.

La verdadera grandeza radica en la capacidad de contribuir al bien común, de actuar con compasión, de vivir con un propósito más allá del interés propio. La humildad nos hace humanos, nos conecta con los demás y nos impulsa a actuar con empatía y respeto. La compasión, hacia nosotros mismos y hacia los demás, es el reflejo más claro de nuestra humanidad compartida. Todos estamos en lucha, todos enfrentamos miedos, inseguridades y desafíos. Ser compasivos con nosotros mismos significa aceptarnos con nuestras imperfecciones, perdonarnos por nuestros errores y seguir adelante con valentía. Ser compasivos con los demás es reconocer que sus luchas son tan reales como las nuestras, es ofrecer una mano amiga, una palabra de aliento, es actuar con bondad sin esperar nada a cambio. La compasión es el puente que nos une, la fuerza que nos permite superar nuestras diferencias y trabajar juntos por un mundo más justo y armonioso. Es el principio que nos recuerda que la automaestría no es un viaje solitario, sino un proceso que se enriquece en la conexión y en el servicio a los demás. La práctica diaria es el motor de la transformación personal. La filosofía no es un conocimiento teórico que se adquiere y se guarda, es una forma de vivir que se manifiesta en cada acto, en cada decisión. Reflexionar cada día sobre nuestras acciones, meditar sobre nuestras intenciones, evaluar nuestro progreso y aprender de nuestros errores, nos permite crecer de manera constante. La práctica diaria nos mantiene en el camino de la virtud, nos ayuda a mantenernos enfocados en lo que realmente importa y a no desviarnos por las distracciones del mundo. La práctica no tiene que ser perfecta, lo importante es la constancia, el compromiso con la mejora continua, la voluntad de ser un poco mejores hoy de lo que fuimos ayer. En la repetición de los actos virtuosos se forja el carácter, se construye la vida que deseamos vivir y se cultiva la paz que tanto anhelamos. En última instancia, la victoria sobre uno mismo es el propósito más noble que podemos tener. No hay conquista externa que pueda compararse con la conquista del propio espíritu.

Es en la lucha diaria contra nuestras propias sombras donde encontramos el sentido más profundo de nuestra existencia. Es en la capacidad de actuar con virtud, de vivir con autenticidad, de ser fieles a nuestros principios, donde hallamos la verdadera felicidad. No es una felicidad que dependa de los logros o del reconocimiento externo, es una alegría serena que nace del interior, de la certeza de estar viviendo de acuerdo con nuestra esencia, de saber que estamos dando lo mejor de nosotros mismos en cada momento. El estoicismo nos enseña que la verdadera libertad, la verdadera paz, la verdadera felicidad, se encuentran dentro de nosotros mismos. Nos invita a mirar hacia adentro, a trabajar en nuestra propia transformación, a luchar cada día por ser mejores, a vivir con propósito, con compasión, con humildad y con coraje. Nos enseña que el sentido de la vida no está en lo que poseemos, ni en lo que logramos, sino en cómo vivimos, en cómo amamos, en cómo contribuimos al bien común. La victoria sobre uno mismo es el camino hacia una vida plena y significativa, una vida en la que cada momento es una oportunidad para crecer, para aprender, para ser la mejor versión de nosotros mismos. Y así, al final del camino, cuando miremos hacia atrás, no veremos solo los éxitos o los fracasos, sino la forma en que enfrentamos cada desafío, la manera en que nos levantamos después de cada caída, el amor que ofrecemos, la paz que cultivamos, la virtud que practicamos. La verdadera victoria es la que se gana cada día, en el silencio de nuestro corazón, en la constancia de nuestros actos, en la valentía de vivir con autenticidad y propósito. La verdadera victoria es la victoria sobre uno mismo, y en ella reside la libertad más profunda, la paz más duradera, la felicidad más genuina. Esta es la invitación del estoicismo: a vivir con grandeza, a encontrar en la automaestría la clave para una vida llena de significado, y a descubrir que, en última instancia, somos los arquitectos de nuestra propia libertad. No temas al mañana; el presente es lo único que posees realmente. La serenidad no se encuentra en la ausencia de tormentas, sino en el poder de navegar en ellas. Busca dentro de ti, allí yace la fortaleza que el mundo no te puede dar ni quitar.

Tu libertad comienza en el momento en que comprendes que no puedes controlar nada más que tus propias respuestas. El desapego no es insensibilidad; es el arte de apreciar sin aferrarse. Los obstáculos son un recordatorio constante de que el crecimiento reside en el esfuerzo y no en la comodidad. Aprende a diferenciar entre lo que puedes cambiar y lo que debes aceptar. Esa es la clave de la paz interior. El carácter se forja en los pequeños actos cotidianos, en la elección constante de la virtud sobre el vicio. El verdadero poder no radica en controlar a los demás, sino en controlar tu propia mente. Acepta tu humanidad; en la imperfección está el camino hacia la virtud. Sé paciente contigo mismo; la grandeza no se construye en un día, sino en una vida de dedicación. El dolor es un maestro, y de su mano aprendemos lo que ninguna comodidad nos podría enseñar. Enfrenta el miedo con valentía, no porque no exista, sino porque reconoces que tu propósito es más grande que tu temor. El valor de una vida no está en cuánto dura, sino en cómo se vive cada uno de sus momentos. No busques el reconocimiento; busca la paz que proviene de vivir conforme a tu naturaleza más elevada.

El ego te dice que luches contra los demás; la sabiduría te dice que luches contra ti mismo. La felicidad no se encuentra fuera, sino en la coherencia entre lo que piensas, lo que dices y lo que haces. Practica la gratitud, porque en cada pequeña cosa hay un motivo para agradecer. La verdadera victoria es aquella que se alcanza cada día en el campo de batalla de la mente. Recuerda siempre: eres tanto la piedra como el escultor de tu propia alma. No eres tus pensamientos; eres quien decide qué pensamientos permitir y cuáles dejar pasar. El silencio es un aliado, una fuente de sabiduría en un mundo lleno de ruido. La libertad interior es la única que nadie puede arrebatarte. La fortaleza se cultiva en la adversidad; el confort solo alimenta la debilidad del espíritu. El amor por el destino, amor fati, no es resignación; es la aceptación profunda de todo lo que es. No temas al fracaso; el único verdadero fracaso es no haber intentado.

El propósito de la vida no es la acumulación de cosas, sino la realización de nuestra naturaleza virtuosa. La paz no es la ausencia de desafíos, sino la capacidad de enfrentarlos con serenidad. El pasado no te define; lo que decides hacer ahora es lo único que importa. Cada día es una nueva oportunidad para empezar de nuevo, para ser un poco mejor que ayer. No te preocupes por ser entendido; preocúpate por entender. El dolor es inevitable, pero el sufrimiento es opcional; es la interpretación lo que determina la carga que llevamos. Sé cómo el junco que se dobla con el viento, pero que nunca se rompe. No busques en el exterior lo que solo el trabajo interior puede otorgarte. Todo lo que temes perder es una ilusión; solo la virtud permanece contigo hasta el final. La muerte no es el enemigo; el verdadero enemigo es la vida sin propósito. Cada emoción negativa es una oportunidad de practicar el autocontrol y el discernimiento. No hay que temer a la soledad, pues en ella encontramos el reflejo más auténtico de nuestro ser. La humildad es la puerta que nos abre al verdadero conocimiento. Vivir en armonía con la naturaleza significa aceptar cada momento como necesario y perfecto. El tiempo es el recurso más valioso que tenemos; úsalo sabiamente, pues nunca regresa. En el vasto silencio del alma se encuentran las respuestas que el ruido del mundo oculta. Cada instante es una oportunidad para profundizar en nuestra esencia, para escuchar la voz interna que nos guía hacia la virtud. Estas nuevas meditaciones no son diferentes de las anteriores, pero resuenan con nuevas capas de significado, como ecos del conocimiento que hemos acumulado a lo largo de nuestro viaje. Que cada palabra inspire en ti un momento de reflexión, un destello de sabiduría y un impulso hacia una vida más auténtica. No temas a la incertidumbre; allí reside la libertad de ser quien realmente deseas. La vida es un constante fluir; no luches contra la corriente, aprende a navegar con ella. La aceptación no es resignación, es la sabiduría de comprender que hay cosas que deben ser como son. Aquellos que encuentran paz en el silencio nunca estarán solos. No busques ser invencible, busca ser resiliente; la invencibilidad es una ilusión, la resiliencia es una virtud.

El propósito verdadero no necesita validación externa; es la certeza interna de vivir según la propia naturaleza. El coraje de mirar hacia adentro revela las sombras que el miedo esconde. El verdadero perdón no es olvidar, es liberar el peso que nos impide caminar hacia adelante. Recuerda que la crítica, aunque venga de otros, solo tiene el poder que tú le otorgas. La gratitud transforma lo que tenemos en suficiente, y lo suficiente en abundancia. Vivir de acuerdo con la naturaleza significa aceptar tanto las flores como las espinas de la existencia. Cada caída es una lección escrita en la arena del tiempo; levántate y escribe una nueva historia. La búsqueda de la perfección es una distracción; la autenticidad es la verdadera meta. No seas esclavo de tus deseos; ellos no son más que sombras que se desvanecen con el tiempo. El valor no es la ausencia de miedo, sino la acción en su presencia. La grandeza de un ser humano se mide por su capacidad de ser pequeño ante el misterio de la vida. Que cada error sea un recordatorio de que estamos vivos y aprendiendo. El universo no tiene prisa; aprende a sincronizarte con su ritmo. La soledad no es ausencia de compañía, sino la presencia de uno mismo. Cada día es una invitación a ser mejor, no a ser perfecto. La naturaleza no pregunta por qué, simplemente es; aprende de ella. El silencio es un templo donde la verdad se revela sin palabras. Las respuestas no siempre son necesarias; a veces, lo único que necesitamos es aprender a preguntar mejor. La virtud no se encuentra en grandes gestos, sino en pequeñas acciones diarias llenas de significado. No te aferres al pasado; es un río que ya se ha ido. Concéntrate en el presente, que es lo único que posees. Deja que la paz sea el eje de todas tus decisiones. La paciencia no es solo esperar, es cómo te comportas mientras esperas. No temas la muerte; teme no haber vivido plenamente. Las estrellas brillan en la oscuridad; recuerda que tu luz también puede iluminar los momentos más sombríos. El verdadero poder reside en conocer nuestras limitaciones y aun así caminar hacia adelante. No esperes a que todo sea perfecto para empezar; la imperfección es el terreno fértil de los comienzos. Cada paso en falso es un acercamiento a la verdad, siempre que tengas el valor de aprender.

La felicidad es un estado del alma que no depende de las circunstancias externas. Las emociones son visitantes, no permitas que ocupen tu hogar permanentemente. Todo lo que sucede, sucede como debe; encuentra serenidad en aceptar el flujo del destino. No permitas que el ruido del mundo ahogue la voz de tu corazón. El verdadero éxito no está en ser admirado, sino en ser coherente con uno mismo. Siembra bondad sin esperar recompensa; la vida misma se encargará de devolverlo. La verdadera riqueza no es lo que posees, sino lo que eres. Aprende a escuchar sin juzgar; en el entendimiento silencioso se encuentra la paz. La lucha más difícil es aquella que libramos contra nosotros mismos; en esa batalla se forja nuestro carácter. El amor es la virtud más elevada; sin amor, ninguna otra virtud tiene sentido. Cada día nos ofrece una nueva oportunidad de ser la persona que deseamos ser. No te identifiques con tus pensamientos; son nubes que pasan por el cielo de tu mente. Deja ir lo que no puedes controlar y enfócate en lo que depende de ti. La esperanza es el faro que nos guía en las noches más oscuras. No busques cambiar a los demás; cambia tú, y el mundo cambiará contigo. Acepta la vida como es, sin filtros ni ilusiones; solo desde la realidad se puede construir algo verdadero. Las heridas del pasado no te definen; son simplemente partes de tu historia, no toda tu identidad. La verdadera valentía es vivir con el corazón abierto, sin importar cuántas veces haya sido herido. Aprende a caminar despacio; la vida no es una carrera, es un viaje. No te compares con los demás; cada uno de nosotros está recorriendo un camino único. La belleza del amanecer reside en su capacidad de surgir cada día, sin importar la oscuridad que lo precedió. Permítete ser feliz, incluso cuando el mundo te diga que no deberías serlo. La compasión empieza por uno mismo; solo cuando nos tratamos con amor podemos extenderlo a los demás. El perdón es un regalo que te das a ti mismo; no permitas que el resentimiento te robe la paz. Recuerda que todo pasa; tanto el dolor como la alegría son pasajeros. La naturaleza tiene su propia sabiduría; aprender de ella es conectarse con lo esencial.

La sencillez es el camino hacia la libertad; cuanto menos posees, más te perteneces a ti mismo. La serenidad no es una meta, es una forma de vivir en el presente. El valor de las cosas no reside en lo que cuestan, sino en lo que significan. No temas los cambios; son la forma en la que el universo nos invita a crecer. La sabiduría se encuentra en aceptar que no siempre se tienen todas las respuestas. No busques ser indispensable; busca ser significativo. La verdadera libertad está en poder elegir tu respuesta ante cualquier circunstancia. La fuerza no siempre es visible; a menudo, la mayor fortaleza reside en la vulnerabilidad. No te aferres a lo que ya no sirve; el desapego es la clave para encontrar nuevas posibilidades. Permítete sentir profundamente; las emociones son el lenguaje del alma. No dejes que los errores del pasado nublen las posibilidades del presente. La paz comienza en el momento en que decides no permitir que otro controle tus emociones. El amor no es solo un sentimiento; es una decisión que se renueva cada día. El silencio es el lugar donde el alma se encuentra consigo misma. Cada fracaso es una enseñanza; el único verdadero fracaso es no aprender de él. Que tu vida sea un testimonio de amor, de virtud y de valentía. No es el destino lo que importa, sino la forma en que recorres el camino. La gratitud transforma incluso los momentos más oscuros en experiencias de aprendizaje. La sabiduría está en saber cuándo hablar y cuándo guardar silencio. No temas ser diferente; el verdadero valor está en ser fiel a ti mismo. La vida siempre nos ofrece oportunidades para crecer; cada desafío es una invitación a ser más fuertes. El mayor acto de amor propio es cuidarte lo suficiente como para ser quien realmente eres. Recuerda que todo lo que comienza tiene un final, y en cada final hay un nuevo comienzo. El amor es la única fuerza que tiene el poder de transformar incluso el mayor de los dolores. Acepta el cambio, porque la única constante en la vida es el cambio mismo. La paz interior no se encuentra en lo que posees, sino en lo que dejas ir.

No olvides que cada día es una oportunidad para escribir una nueva página de tu historia. La verdadera felicidad no es la ausencia de problemas, sino la capacidad de enfrentarlos con valentía y serenidad. El respeto por uno mismo es la base de todas las virtudes. Vive con intención; cada acción cuenta, cada decisión define quién eres. No permitas que la prisa del mundo te impida ver la belleza de cada momento. La compasión nos recuerda que todos estamos conectados; el dolor ajeno también es nuestro. La grandeza no se mide en riqueza o poder, sino en la capacidad de vivir con integridad y amor. El alma crece en el silencio; aprende a escucharlo y encontrarás respuestas profundas. Acepta lo que eres, con todas tus luces y sombras; solo así podrás transformar lo que necesita ser transformado. Cada respiro es un recordatorio de que la vida es un milagro; vívela con gratitud y propósito. No busques ser fuerte, busca ser auténtico; en la autenticidad reside la verdadera fortaleza. El presente es lo único que tienes; haz de él un lugar donde puedas habitar en paz. La vida no siempre se entiende, pero siempre se vive; en esa incertidumbre está el arte de existir. Acepta el caos como parte del orden mayor; incluso el desorden tiene su lugar en el universo. No te aferres a las expectativas; la vida es demasiado bella para estar limitada por lo que imaginas. Cada momento difícil es una oportunidad disfrazada para cultivar la virtud. El coraje más grande no siempre es el que se ve; a veces, el mayor acto de valentía es levantarse en silencio. No hay enemigo más formidable que nuestra propia mente sin control; el dominio propio es la verdadera batalla. Abraza la imperfección; en ella se encuentra la belleza de lo auténtico. La libertad no está en hacer lo que deseas, sino en desear lo que haces, alineado con la virtud. La paz interior no es un don, es el fruto de la práctica diaria de aceptar y soltar. Que cada amanecer sea un recordatorio de la oportunidad constante de comenzar de nuevo. La paciencia es la madre de todas las virtudes; solo quien sabe esperar puede ver florecer sus esfuerzos. No busques respuestas definitivas; la vida es un constante redescubrimiento de quién eres.

El dolor es una puerta; al atravesarla, el alma se vuelve más profunda y sabia. Ama tu destino; es el camino que te ha tocado para que puedas descubrir tu fortaleza interior. Las tormentas son necesarias; solo después de la lluvia, el alma ve los colores más brillantes. No temas la quietud; en el silencio de la mente, las respuestas brotan como agua de un manantial. Cada día trae consigo sus propias lecciones; ten el corazón abierto para recibirlas. Sé cómo el agua, que fluye sin resistirse, adaptándose a cada cambio de dirección sin perder su esencia. Que el amor siempre sea la brújula, incluso cuando la vida te pida navegar en mares inciertos. Las heridas no son cicatrices que debas ocultar; son marcas que demuestran que te atreviste a vivir intensamente. No midas tu vida por los éxitos, mídela por el amor y la paz que has cultivado. El aprendizaje nunca termina; mientras respires, siempre habrá una nueva lección esperándote. La verdadera fuerza reside en la flexibilidad; en doblarse sin romperse, en adaptarse sin perder la integridad. La verdadera belleza está en la quietud de un alma en paz. Recuerda que todo lo que necesitas ya está dentro de ti; la búsqueda externa es solo un reflejo de tu camino interior. Los momentos de duda son oportunidades para fortalecer la fe en uno mismo. No permitas que el temor nuble la claridad de tu propósito; la valentía no es la ausencia de miedo, es avanzar a pesar de él. En cada despedida, hay una bienvenida implícita; la vida es un ciclo continuo de finales y comienzos. El amor propio es el cimiento de todas las demás formas de amor. El propósito de la vida no es ser feliz todo el tiempo, sino encontrar la paz en cada circunstancia. No olvides que eres parte del todo; tus acciones reverberan en el universo entero. El silencio es el maestro más sabio; aprende a escucharlo, y encontrarás respuestas que las palabras nunca podrán dar. La esperanza es el hilo que nos mantiene conectados al sentido más profundo de la vida. Cada pequeño acto de bondad deja una huella que va más allá del tiempo y el espacio. La mayor riqueza no es la material, sino la serenidad que emana de un corazón en paz. En la renuncia a controlar lo incontrolable, encontrarás la verdadera libertad.

El camino a la sabiduría está pavimentado con humildad; solo quien reconoce sus límites puede superarse. La gratitud transforma lo que tienes en suficiente, lo suficiente en abundancia y la abundancia en satisfacción. La vida es un baile de luz y sombra; aprende a moverte con gracia entre ambos. A veces, no hay que entender, sino simplemente aceptar y seguir adelante. La resiliencia no es dureza, es la suavidad de un espíritu que se adapta y se fortalece en la adversidad. No hay carga que no puedas soportar, solo aprendizajes que aún no has descubierto cómo aplicar. Que el propósito sea siempre mayor que el desafío; en esa proporción se encuentra la paz. La conexión con el presente es el antídoto para los males del pasado y las ansiedades del futuro. Cuando el dolor toque a tu puerta, ábrele; es un maestro disfrazado, trayendo consigo lecciones valiosas. No busques el aplauso externo, busca la satisfacción interna de saber que has hecho lo correcto. La libertad interior es la más alta forma de resistencia ante las cadenas del mundo. Que cada día sea una oración silenciosa de agradecimiento por la oportunidad de ser y de aprender. No te preocupes por lo que aún no has logrado; el simple hecho de estar en el camino ya es suficiente. El poder del presente es tan inmenso que en él se encuentran todas las respuestas que necesitas. La impermanencia es la naturaleza del universo; en ella radica la belleza de cada momento. El amor es lo único que crece cuando se comparte; no temas darlo, aun cuando el mundo parezca frío. Recuerda que cada pérdida es también una ganancia en sabiduría y perspectiva. Cada experiencia, buena o mala, es un ladrillo en la construcción de tu carácter. No dejes que las circunstancias definan tu paz; tu tranquilidad es tu elección y tu poder. La vida no te debe nada; cada regalo, cada respiro es una bendición que debes honrar. No hay gloria en la perfección, la verdadera gloria está en la lucha constante por ser mejor. La fortaleza no siempre es visible; a menudo, la verdadera fuerza está en el corazón de los que no se rinden. No te aferres a lo que ya pasó; el futuro siempre traerá nuevas oportunidades. No olvides que incluso en la noche más oscura, las estrellas brillan con mayor intensidad. Que cada día sea un paso consciente hacia la versión más virtuosa de ti mismo.

El amor es el único propósito que da sentido a todos los demás. No temas soltar lo que te pesa; la ligereza del alma es la base de la verdadera libertad. Recuerda siempre que eres suficiente tal como eres, y cada día puedes ser aún mejor. La verdadera transformación comienza cuando dejas de buscar afuera y empiezas a cultivar dentro. No hay mayor regalo que la paz con uno mismo; trabaja cada día para encontrarla y mantenerla. El universo te ha dado la vida; lo mejor que puedes hacer es vivirla con valentía y gratitud. No necesitas hacer ruido para ser grande; la grandeza verdadera reside en el silencio de un corazón lleno de paz. La felicidad no es una meta distante, es el camino que recorres con conciencia y gratitud. El viaje más importante no es el que haces por el mundo, sino el que realizas hacia dentro de tu propio ser. La serenidad no se busca, se cultiva con cada acto de aceptación y de amor. Que cada amanecer sea una invitación a abrir el corazón y vivir sin temor. No eres responsable de la opinión de los demás; solo de cómo eliges vivir tu verdad. Que cada paso que des sea una afirmación de quién eres y de la paz que buscas alcanzar. La vida es un suspiro; haz que el tuyo sea tan profundo y hermoso que resuene más allá del tiempo. No temas la vulnerabilidad; es la puerta que te conecta con lo más auténtico de ti y de los demás. Cada final es solo un comienzo disfrazado; aprende a ver los ciclos y encontrarás paz en el cambio. Recuerda que el propósito de la vida no es la perfección, sino el aprendizaje y el crecimiento continuo. En la aceptación del misterio de la vida, encontrarás la libertad para vivir sin miedo.

Conclusión: El Camino Continuo Hacia La Armonía Interior

A lo largo de estas páginas, hemos explorado juntos las sendas de la automaestría, el valor del desapego, la disciplina de la mente y el poder de la resiliencia. Nos hemos enfrentado a las sombras internas y hemos aprendido a abrazar nuestras propias vulnerabilidades como fuente de fortaleza. Cada capítulo ha sido un peldaño hacia una comprensión más profunda de lo que significa ser verdaderamente libre y vivir en armonía con nuestra naturaleza más elevada. El estoicismo nos recuerda que la paz y la felicidad no son metas lejanas, sino experiencias que se encuentran en el presente, en cada decisión que tomamos, en cada acto de aceptación y en cada pequeño paso hacia la virtud. No se trata de alcanzar un ideal de perfección inalcanzable, sino de ser constantes en nuestra intención de crecer, de mejorar cada día, y de actuar con amor y sabiduría incluso cuando la vida nos desafía. La verdadera libertad reside en el dominio de uno mismo, en la capacidad de elegir nuestras respuestas frente a los desafíos, y de no dejarnos arrastrar por las emociones o las circunstancias externas. La libertad es una práctica diaria, un compromiso con nuestra propia evolución y una reafirmación constante de nuestros valores más profundos. Este viaje hacia la armonía interior no tiene un final fijo; es un proceso continuo, una danza eterna entre la luz y la sombra, un aprendizaje sin fin.

Es la aceptación de que la vida está llena de contrastes, y que es precisamente en esos contrastes donde se encuentra la belleza del ser humano. Cada día es una oportunidad para volver a empezar, para practicar la virtud, para ser pacientes con nosotros mismos y para cultivar la paz que tanto anhelamos. En este camino, cada caída es una lección valiosa, cada desafío una oportunidad para fortalecer nuestro espíritu, y cada triunfo interno, por pequeño que sea, un testimonio de nuestra capacidad de superarnos y de transformarnos. No se trata de evitar las dificultades, sino de enfrentarlas con un corazón sereno y una mente clara, de aprender de cada tropiezo y de usarlo como un impulso hacia adelante. La armonía interior se construye en los momentos más simples, en los instantes en los que decidimos ser conscientes, en los espacios entre un pensamiento y el siguiente, donde elegimos cómo queremos responder al mundo. No es algo que se pueda alcanzar de una vez y para siempre, sino un estado al que volvemos repetidamente, un lugar al que retornamos con cada respiración consciente. Es la práctica de la humildad cuando cometemos errores, de la paciencia cuando las cosas no salen como esperamos, y del amor cuando nos enfrentamos a nuestras propias sombras. La armonía es el resultado de aceptar la totalidad de quienes somos, de abrazar tanto nuestras luces como nuestras sombras, y de comprender que todo lo que vivimos es parte esencial de nuestro crecimiento. Que este libro sea un recordatorio constante de que la verdadera riqueza no se encuentra en lo que acumulamos, sino en la paz que cultivamos en nuestro interior. Que sea una invitación a vivir con propósito, con compasión, y con el profundo conocimiento de que cada uno de nosotros tiene el poder de transformar su vida desde dentro. La armonía interior no es un destino al que se llega, sino el camino mismo: un viaje de amor, aceptación y continua renovación. Es el sendero de quienes se atreven a enfrentarse a sí mismos, de quienes deciden que cada día es una oportunidad para ser mejores, no para los demás, sino para sí mismos, para el alma que llevamos dentro y que ansía crecer y florecer. Sigue adelante, con valentía y con el corazón abierto.

Que cada día encuentres en ti la fuerza para ser la mejor versión de ti mismo, y que la paz y la libertad que buscas sean siempre tus compañeras de camino. No importa cuán difíciles sean los obstáculos, recuerda que la fortaleza se cultiva en los momentos de desafío, y que cada paso hacia adelante, por pequeño que sea, es un avance hacia la libertad que buscas. La armonía interior está al alcance de quienes se atreven a buscarla dentro de sí mismos, de quienes se permiten ser vulnerables, de quienes tienen el coraje de aceptar tanto sus debilidades como sus fortalezas. Y el viaje hacia ella, aunque desafiante, es el más hermoso de todos los viajes que podemos emprender. Que nunca falte en tu camino la humildad para reconocer tus límites, la paciencia para avanzar a tu propio ritmo, y el amor para aceptar todo lo que eres. Cada día es una página en blanco, una nueva oportunidad para escribir la historia de tu vida con tinta de virtud, compasión y autenticidad. La armonía interior es un proceso de construcción diaria, una labor de artesanía en la que cada decisión cuenta, en la que cada acto de amor propio y de amor hacia los demás es un ladrillo que edifica la estructura sólida de nuestra paz. La vida es un regalo precioso, y cada uno de nosotros tiene el poder y la responsabilidad de vivirla de la manera más auténtica y significativa posible. La armonía interior no se encuentra fuera de nosotros, en los logros, en el reconocimiento, o en las posesiones; se encuentra dentro, en la capacidad de estar en paz con quien somos y con el camino que hemos elegido recorrer. No es la ausencia de problemas o de dificultades, sino la presencia de una mente clara y de un corazón abierto que puede navegar cualquier tormenta con serenidad. Que siempre recuerdes que, aunque el viaje hacia la armonía interior es largo y a veces lleno de desafíos, cada paso que das te acerca más a la libertad, a la paz, y a la plenitud. Que sigas adelante con la certeza de que todo lo que necesitas para ser feliz ya está dentro de ti, esperando ser descubierto y cultivado. La armonía no es algo que se obtiene, sino algo que se cultiva, y su semilla está ya plantada en tu interior. Que cada día sea una oportunidad para regarla con amor, para nutrirla con paciencia, y para verla florecer en el jardín de tu ser. Al final, la armonía interior es el mayor acto de amor que podemos ofrecernos a nosotros mismos. Es la promesa de seguir creciendo, de seguir aprendiendo, de seguir buscando el equilibrio entre nuestras aspiraciones y nuestras realidades. Es la valentía de ser vulnerables, la humildad de ser aprendices eternos y la capacidad de encontrar belleza en cada momento, por simple que sea. Es, en definitiva, el arte de vivir plenamente, con todo lo que somos, en este presente que es, siempre, nuestro único y verdadero hogar.